ARBEITSHEFT ZUR LITERATURGESCHICHTE

EXPRESSIONISMUS

TEXTE · ÜBUNGEN

HERAUSGEGEBEN VON REINHARD LINDENHAHN

ERARBEITET VON
HARALD FROMMER
REINHARD LINDENHAHN
ANGELIKA SCHWEIZER-ROBOLD

Cornelsen

Folgende Beiträge wurden erarbeitet von
Harald Frommer: das Kapitel zu Döblin, *Berlin Alexanderplatz,*
Angelika Schweizer-Robold: das Kapitel zu Kaiser, *Die Bürger von Calais,*
sowie das Teilkapitel zur Musik der Epoche.
Alle übrigen Beiträge stammen von Reinhard Lindenhahn.

Redaktion: Ingeborg Herchen
Gestaltung und technische Umsetzung: Julia Walch, Bad Soden

Dieses Werk berücksichtigt die Regeln der reformierten Rechtschreibung und Zeichensetzung.
Bei den mit R gekennzeichneten Texten haben die Rechteinhaber einer Anpassung widersprochen.

1. Auflage ✔ Druck 4 3 2 1 Jahr 02 01 2000 99

Druck: CS-Druck Cornelsen Stürtz, Berlin

ISBN 3-464-61157-4

Bestellnummer 611574

Gedruckt auf Recyclingpapier, hergestellt aus 100% Altpapier.

Inhalt

Lösungshinweise sind dem Heft beigelegt.

Feuerzeichen von Wegsuchenden

> Die ersten Werke einer neuen Zeit sind unendlich schwer zu definieren. Wer kann klar sehen, auf was sie abzielen und was kommen wird? Die Tatsache allein, dass sie existieren und heute an vielen voneinander unabhängigen Punkten entstehen und von innerlicher Wahrheit sind, lässt es uns zur Gewissheit werden, dass sie die ersten Zeichen der kommenden neuen Epoche sind, Feuerzeichen von Wegsuchenden.

Franz Marc, der Verfasser dieser Zeilen, umschreibt aus dem Blickwinkel des Malers die Problematik einer Beschreibung dessen, was der „Expressionismus" ist, und gibt doch gleichzeitig einen wertvollen Hinweis auf wichtige Bauelemente der Epoche, indem er von „innerlicher Wahrheit" spricht und die frühen Werke der Avantgarde die „ersten Zeichen der kommenden neuen Epoche" nennt. In seiner großartigen Metapher „Feuerzeichen von Wegsuchenden" beschreibt er die Situation seiner Zeit, wie sie sich einem jungen Künstler darstellte: Die Kunst gibt Licht im Dunkeln, an dem sich die „Wegsuchenden" orientieren können. Gleichzeitig liegt in dem Begriff des „Feuerzeichens" aber durchaus auch ein zerstörerisches Potential verborgen, das bildende Kunst, Musik und Literatur des Expressionismus charakterisierte. Wenn es überhaupt eine Gemeinsamkeit zwischen den so verschiedenen Vertretern der Epoche gibt, so ist es ihr Aufstand gegen das selbstzufriedene Bürgertum der wilhelminischen Zeit – freilich ohne dass die Expressionisten, die fast alle aus gutbürgerlichen Häusern stammten, ihre gesellschaftliche Grundlage verlassen hätten. Ihr Aufstand war eher künstlerischer als politischer Natur. Gerade das literaturgeschichtliche Phänomen *Expressionismus* lässt sich nicht in einer Darstellung etwa von theoretischen Grundlagen oder „exemplarischen Texten" erfassen, denn es ist in sich so vielgestaltig, dass die Folge dieser Vorgehensweise die völlige Diffusion des Begriffs wäre – womit jede Klassifizierung ad absurdum geführt wäre. Der Expressionismus definiert sich nicht aus sich selbst heraus als Summe verschiedener unverwechselbarer Merkmale, sondern lässt sich allenfalls annäherungsweise durch die Vielgestaltigkeit von Texten aus den Jahren von etwa 1910 bis 1925 erfassen. Damit wird der Begriff des Expressionismus natürlich zu einer Hilfsformel, die notwendigerweise vereinfacht und einebnet.

Das Problem der Epochenbildung

Jede Einteilung der Literatur einer Zeit in Strömungen und Epochen birgt ohnehin das Problem in sich, dass Zusammengehörendes getrennt wird. Sie hat immer etwas Vorläufiges und Unbefriedigendes, weil sie scharfe Grenzen vortäuscht, wo fast nahtlose Übergänge sind, und weil sie eventuelle Zusammenhänge zwischen den Epochen missachtet. Darüber hinaus erweckt das Postulat verschiedener Epochen häufig den Eindruck, diese lösten sich gegenseitig ab. Das Gleichzeitige des Unterschiedlichen wird damit vernachlässigt.

Wenn in der Reihe *Arbeitshefte zur Literaturgeschichte* trotz aller Bedenken an einer Unterteilung in Epochen festgehalten wird, so geschieht dies deshalb, weil gerade für Schulbücher Voltaires Satz „Jede Art des Schreibens ist erlaubt, nur nicht die langweilige" in ganz besonderem Maße gilt. Literaturgeschichte soll hier zunächst einmal übersichtlich und verständlich sein, wissenschaftlich fundiert, aber ohne akademische Schnörkel. Die Beschäftigung mit älterer Literatur soll Spaß machen, soll ihre Aktualität

zeigen, sodass diese nicht als nutzloser Bildungsballast, sondern in ihrer Geschichtlichkeit als Teil und Voraussetzung heutiger Denk- und Lebensformen verstanden werden kann.
Von diesen Überlegungen ausgehend wird die herkömmliche Einteilung der deutschen Literaturgeschichte in Epochen der Übersichtlichkeit und Einfachheit wegen zwar beibehalten, gleichwohl aber versucht, durch die Textauswahl die notwendige Bandbreite – in diesem Falle des Expressionismus – und die Bezüge zwischen den Epochen, das Verbindende, herzustellen.

Eine neue Konzeption von Literaturgeschichte

Die *Arbeitshefte zur Literaturgeschichte* wurden ganz bewusst als Arbeitshefte und nicht als reine Textsammlungen angelegt, wobei sich dennoch zahlreiche Texte der jeweiligen Epoche und zusätzlich interessante Ausflüge in die Kultur- und Sozialgeschichte der Zeit finden, wie sie nur in wenigen herkömmlichen Büchern zur Literaturgeschichte stehen. Wir möchten, dass unsere Leserinnen und Leser mehr tun, als nur zu lesen. Wer einen Text nicht nur liest, sondern an ihm arbeitet, dringt tiefer in ihn ein. Deshalb gibt es in diesem Heft auch kreative Aufgaben (sie sind durch eine Schreibfeder gekennzeichnet), die dazu auffordern, selbst tätig zu werden und den Text aus-, um- oder nachzugestalten. Und da dies ein Arbeitsheft ist, ist es auch erwünscht, darin z. B. Texte zu gliedern, Stellen zu markieren oder Bemerkungen an den Rand zu schreiben. Diejenigen Aufgaben, die den Leserinnen und Lesern zeigen sollen, wie man am Text arbeitet, erkennt man an einem Bleistift. Und wenn man dann einen Text erarbeitet hat, ist man auch sicher genug, eigene Gedanken dazu zu entwickeln, über die Texte und ihren Bezug zur Gegenwart zu diskutieren und Fragen dazu zu erörtern (dafür steht das „E"). Zum richtigen Lesen gehört aber auch, sich selbstständig weitergehend zu informieren und diese Informationen unter Umständen an andere in Form von Kurzreferaten weiterzugeben. Auch dafür gibt es einen Hinweis.

Zum Aufbau des Arbeitsheftes

Auch in Bezug auf seinen Aufbau will das Arbeitsheft dem Anspruch gerecht werden, nicht nur Informationen zu vermitteln, sondern auch Spaß an (älterer) Literatur zu wecken. So sind die Kapitel in drei Kategorien einzuteilen:
Das Basiskapitel spricht die wichtigsten Themen der Epoche an, exemplarisch veranschaulicht an einigen kurzen und prägnanten Texten, die die Eigenart des Expressionismus in besonderem Maße transparent machen.
Die zweite Kategorie bilden Kapitel über repräsentative Ganzschriften der Zeit, über den Zusammenhang von bildender Kunst, Musik und Literatur in der Epoche sowie über die Situation der Frau zu Beginn des 20. Jahrhunderts und – damit verbunden – eine Dichterbiografie.
Im dritten Teil finden sich Texte zum literarischen Umfeld der Epoche und ein motivierendes Kapitel mit Rätseln, die sich allesamt auf Inhalte des Arbeitsheftes beziehen. Wer sie lösen kann, hat gründlich gelesen!
Den Abschluss bildet eine ausführliche Literaturliste, die neben den im Arbeitsheft zitierten Werken besonders jene Titel nennt, die sich für den Schulgebrauch und beispielsweise als Grundlage für Referate eignen.
Dem Arbeitsheft beigelegt ist ein Extrateil mit Lösungshinweisen, wobei zu den ersten Kapiteln noch detailliertere Lösungsvorschläge gemacht werden als bei den späteren Kapiteln, denn nun wird vorausgesetzt, dass sich die Leserin bzw. der Leser schon so in die Epoche eingearbeitet hat, dass es keines ganz ausführlichen Kommentars mehr bedarf. Diese späteren Kapitel eignen sich auch vorzüglich als Grundlage für Referate oder für die eigenständige Beschäftigung der Schülerinnen und Schüler mit dem Expressionismus.

Intensität und Radikalismus des Gefühls ...

Was die Deutschen zu Beginn des zweiten Jahrzehnts des 20. Jahrhunderts bewegte:

Luxusdampfer Titanic gesunken: über 1500 Tote

Marokkokrise auf dem Höhepunkt: Kommt Krieg?

Rüstungsausgaben im Vergleich zum Vorjahr um 62% gestiegen

Halley verbreitet Angst und Schrecken

1. Setzen Sie die Collage in Beziehung zu den (fiktiven) Schlagzeilen. Wie haben die Ereignisse der ersten Jahre des Expressionismus wohl auf die Zeitgenossen gewirkt?
2. Stellen Sie Vermutungen darüber an, inwiefern diese Ereignisse für die Literatur und Kunst der Epoche von Bedeutung sein könnten.
3. Informieren Sie sich über die wirtschaftlichen, sozialen und politischen Hintergründe der Epoche.

Die Zeit von 1900 bis nach dem Ersten Weltkrieg – ein sozialgeschichtlicher Überblick

Wirtschaft und Politik vor dem Ersten Weltkrieg

DER AUFSCHREI DER SEELE – DIE GRUNDLAGEN DES EXPRESSIONISMUS

Der Begriff „Expressionismus" taucht zum ersten Mal im Jahr 1911 auf, und zwar sollte er zunächst der Beschreibung von Bildern Picassos, Braques und anderer fortschrittlicher Maler dienen. Schon bald wurde er jedoch auf die neueste Literatur übertragen, die sich zum Ziel gesetzt hatte, das Erlebnis einer als hinfällig erfahrenen Außenwelt künstlerisch umzusetzen und sie in der Hoffnung auf Erneuerung mitzugestalten. Die Vertreter dieser neuen Literatur (sie selbst bezeichneten sich nicht als Expressionisten) waren sich darin einig, dass das Alte zugrunde gehen müsse, damit das Neue, Bessere entstehen könne: „Die Welt [...] im letzten Zucken, im eigentlichsten Kern aufzusuchen und neu zu schaffen, das ist die größte Aufgabe der Kunst", so schreibt der Expressionist Kasimir Edschmid in einem fast schon als Rückblick zu verstehenden programmatischen Aufsatz im Jahr 1917. Und in einem späteren Text der Epoche (1918) von Margarethe Susman (1874 bis 1966) heißt es:

Edvard Munch: Der Schrei (1893)

Wollen wir Befreiung? Wollen wir Erneuerung? Wollen wir, dass es anders werde? Wollen wir heraus aus diesem Strudel, aus diesem grauenvollen grauen Mischmasch von niederstem Machtwillen und verworrenem, verratenem Idealismus? Wollen wir heraus aus dieser schwersten, wehesten Verfinsterung des Geistes, die je auf Erden war? Dies ist die einzige Frage an unser Leben. Heraus, gleichviel ob in Schönheit oder Hässlichkeit, in Ehre oder Schmach, ja selbst ob in Liebe oder Hass. Nur heraus: den großen, gellenden Schrei ausstoßen, der uns auf ewig trenne von dem Wollen der dumpf hinnehmenden Menge, der jede Gemeinschaft mit den dumpf treibenden Mächten unserer Zeit verwirft. Entscheidung für oder wider – dies ist heute die einzige Frage an unser Menschentum. Und diese Entscheidung, dieser Aufschrei der sich entscheidenden Seele ist Expressionismus.

Der Weg sollte in eine bessere Zukunft führen, auch wenn dies nur über eine Katastrophe möglich war.

Die Ursprünge dieser neuen Art der Weltbetrachtung sind vielfältig, aber nichtsdestoweniger recht klar zu umreißen:

Das Wilhelminische Kaiserreich gewann zunehmend an wirtschaftlicher Stärke, und daraus resultierte in den Jahren nach 1910 eine unverkennbare Strategie der Aufrüstung und der militärischen Machtdemonstration. Die Waffen produzierende Schwerindustrie hatte Hochkonjunktur, doch die Menschen waren stolz, „Untertanen" zu sein. Der Obrigkeitsstaat ergriff alle Teile des öffentlichen und privaten Lebens.

Ein weiterer zentraler Aspekt ist die rasante Entwicklung von Industrie und Technik. So war beispielsweise die Erfindung des Kinematographen, die zu einer Frühform des Films führte, eine bahnbrechende Neuerung, die größten Einfluss auf Kunst und Kultur, aber auch auf das Leben in der Stadt hatte. Überhaupt brachte das sprunghafte Anwachsen der städtischen Bevölkerung – bedingt durch die wachsende Mobilität der Menschen – einschneidende Veränderungen in der gesamten Bevölkerungsstruktur mit sich.

In diese von technologischer Euphorie und existenzieller Unsicherheit geprägte Atmosphäre platzten zwei Ereignisse, die die Menschen zusätzlich verunsicherten: der Halleysche Komet tauchte auf und angesichts der sehr unsicheren politischen Situation und möglicher Kriege wurde dieses Naturereignis als warnendes Himmelszeichen für eine drohende Katastrophe, wenn nicht gar den Weltuntergang, verstanden. Und dann kam auch noch der Untergang der *Titanic* im April 1912. Die Havarie gerade jenes Schiffs, das als Verkörperung technischer Vollkommenheit und als Ausdruck der Größe menschlicher Schaffenskraft galt, erschütterte die Menschen in ihrem Glauben an sich selbst und an ihre Zeit tief. Sie selbst waren ja gewissermaßen die Titanen der griechischen Mythologie, nach denen das Schiff benannt war, die gegen die Götter zum Kampf angetreten waren und vernichtend geschlagen wurden.

Oskar Jellinek, ein zeitgenössischer Publizist, schreibt in seinem Tagebuch am 19. April 1912 Folgendes:

Der grässliche Untergang des Dampfers „Titanic“ ist ein Symbol dieses oberflächlichen Zeitalters. […] Da hat sich einmal unsere süße Zeit überweitet, überhastet und hat ein tüchtiges Leck bekommen, die liebe Zeit. […] Der Apparat hat versagt! Sogar Seine Majestät, der Apparat, ist ein hohler Götze in unserer Zeit! So sehr hat sie sich verweitet und verhastet, dass ihre Hast und Weite nicht mehr weiter konnte. „Titanic“ wagt ein Weitenfresser sich zu nennen. Da ist die Tiefe, die titanische Tiefe erwacht und hat ihn herrlich empört in ihren Grund gerissen.

Der Mensch des frühen 20. Jahrhunderts sah sich mit einer noch nie dagewesenen Vielfalt an Entwicklungen und Ereignissen konfrontiert, die er verarbeiten musste. Und die Vielfalt expressionistischer Dichtung (und auch Malerei) entspringt nicht zuletzt der Unterschiedlichkeit der individuellen Verarbeitungsmechanismen äußerer Umstände. So bekennt der Dichter Franz Werfel:

Wir sind alle hineingestellt in eine fürchterliche Unübersehbarkeit, der Reichtum der Einsichten und Organismen trug Verzweiflung und Wahnsinn in uns hinein, wir stehen machtlos der Einzelheit gegenüber, die keine Ordnung zur Einsicht macht, es scheint, das „Und“ zwischen den Dingen ist rebellisch geworden, alles liegt unverbindbar auf dem Haufen, und eine neue entsetzliche Einsamkeit macht das Leben stumm.

Kurt Pinthus, Literaturkritiker des Expressionismus und Verfasser der wichtigsten und bekanntesten Anthologie der Epoche (s. S. 10 f.), sieht die äußere Situation der Menschen ähnlich, bewertet sie aber etwas anders:

Fodor: Kurt Pinthus (um 1925)

Man male sich zum Vergleich aus, wie ein Zeitgenosse Goethes oder ein Mensch des Biedermeier seinen Tag in Stille verbrachte, und durch welche Mengen von Lärm, Erregungen, Anregungen heute jeder Durchschnittsmensch täglich sich durchzukämpfen hat, mit der Hin- und Rückfahrt zur Arbeitsstätte, mit dem gefährlichen Tumult der von Verkehrsmitteln wimmelnden Straßen, mit Telefon, Lichtreklame, tausendfachen Geräuschen und Aufmerksamkeitsablenkungen. Wer heute zwischen dreißig und vierzig Jahre alt ist, hat noch gesehen, wie die ersten elektrischen Bahnen zu fahren begannen, hat die ersten Autos erblickt, hat die jahrtausendelang für unmöglich gehaltene Eroberung der Luft in rascher Folge mitgemacht, hat die sich rapid übersteigenden Schnelligkeitsrekorde all dieser Entfernungsüberwinder, Eisenbahnen, Riesendampfer, Luftschiffe, Aeroplane miterlebt [...]. Wie ungeheuer hat sich der Bewusstseinskreis jedes Einzelnen erweitert durch die Erschließung der Erdoberfläche und die neuen Mitteilungsmöglichkeiten: Schnellpresse, Kino, Radio, Grammophon, Funktelegraphie. Stimmen längst Verstorbener erklingen; Länder, die wir kaum dem Namen nach kennen, rauschen an uns vorbei, als ob wir selbst sie durchschweiften.

Lektüre-Tipp:
Dieter Franck, Als das Jahrhundert jung war. Rowohlt Verlag, Berlin 1997

1. An den Rand der oben abgedruckten Version seines berühmten Werks *Der Schrei* schrieb Edvard Munch erläuternde Worte … Was könnte er geschrieben haben?
2. Geben Sie die zentralen Aussagen der Texte wieder und erläutern Sie in eigenen Worten die Aussageabsicht der Verfasser. Welchen Eindruck erwecken diese von ihrer Zeit?
3. Informieren Sie sich über die wesentlichen Entwicklungen zu Beginn des 20. Jahrhunderts. Wie hängen politische, technologische und soziale Veränderungen zusammen?
4. Nehmen Sie aus unserer heutigen Sicht Stellung zu einem der Texte und erörtern Sie das darin ausgedrückte Lebensgefühl und die Aktualität des Texts heute.
5. Verschaffen Sie sich aus Lexika und Internet einen Überblick über das, was gemeinhin unter „Expressionismus“ verstanden wird. Welche Namen werden mit der Epoche verbunden? Welcher zeitliche Rahmen wird genannt?

E

MENSCHHEITSDÄMMERUNG – VISIONEN ZU UNTERGANG UND NEUANFANG

Kurt Pinthus beschreibt 1919 das Anliegen der Epoche des Expressionismus im Vorwort zu seinem Werk „Menschheitsdämmerung", einer bekannten Sammlung expressionistischer Gedichte, folgendermaßen:

Dies Buch „Menschheitsdämmerung" nennt sich nicht nur eine „Sammlung". Es *ist* Sammlung!: Sammlung der Erschütterungen und Leidenschaften, Sammlung von Sehnsucht, Glück und Qual einer Epoche – unserer Epoche. Es ist gesammelte Projektion menschlicher Bewegung aus der Zeit in die Zeit. Es soll nicht Skelette von Dichtern zeigen, sondern die schäumende, chaotische, berstende Totalität unserer Zeit. [...]
Wenn in diesem Buche weder wahllos und ungesichtet die Stimmen der in unserer Zeit Dichtenden ertönen noch die Dichtungen einer bewusst sich zusammenschließenden literarischen Gruppe oder Schule gesammelt sind, so soll dennoch ein Gemeinsames die Dichter dieser Symphonie einen. Diese Gemeinsamkeit ist die Intensität und der Radikalismus des Gefühls, der Gesinnung, des Ausdrucks, der Form; und diese Intensität, dieser Radikalismus zwingt die Dichter wiederum zum Kampf gegen die Menschheit der zu Ende gehenden Epoche und zur sehnsüchtigen Vorbereitung und Forderung neuer, besserer Menschheit. [...]
Der Mensch schlechthin, nicht seine privaten Angelegenheiten und Gefühle, sondern die Menschheit, ist das eigentliche unendliche Thema.

Auffälligstes Merkmal von Pinthus' Sammlung ist die Verschiedenheit der darin vorkommenden Gedichte. Neben beißender Zeitkritik finden sich zurückhaltende, künstlerisch konservative Gedichte ebenso wie Texte, die sich durch konsequente Sprachzertrümmerung auszeichnen, oder solche, die in erster Linie appellieren wollen. Angesichts dieser Vielfalt verschiedenster Zeitgedichte wird deutlich, dass es *das* Gedicht des Expressionismus nicht gibt. Wie aber sollte Pinthus dann seine Sammlung strukturieren, wie sollte er die Texte auswählen? – Er löste dieses Problem auf die folgende, wiederum epochentypische Weise:

Dieses Buch will auf andere Weise zur Sammlung kommen: Man horche in die Dichtung unserer Zeit ..., man horche quer durch, man blicke rund herum, ... nicht vertikal, nicht nacheinander, sondern horizontal; man scheide nicht das Aufeinanderfolgende auseinander, sondern man höre zusammen, zugleich, simultan. Man höre den Zusammenklang dichtender Stimmen: Man höre symphonisch. Es ertönt die Musik unserer Zeit, das dröhnende Unisono der Herzen und Gehirne.

L. Meidner: Jakob van Hoddis (1913)

Hier schon wird ein zentrales Strukturprinzip expressionistischer Texte über alle inhaltlichen und sprachlichen Unterschiede hinweg deutlich: der simultane Charakter der Texte. Programmatisch veranschaulicht wird dies von Pinthus schon im ersten Gedicht der Sammlung, *Weltende* von Jakob van Hoddis (1887–1942), das er nicht zufällig an diese exponierte Stelle setzte.
Hans Davidsohn – so der eigentliche Name des Dichters, den er anagrammatisch veränderte – wurde als Sohn eines Arztes in Berlin geboren, wo er 1906 Abitur machte. Während des Studiums in Jena, später in München, kehrte er immer wieder in seine Heimatstadt zurück, wo er seine Gedichte im bekannten „Neopathetischen Cabaret" vorlas. 1912 gab er sein Studium auf und wurde im November dieses Jahres mit Schizophrenie in eine Heilanstalt gebracht. Im Dezember gelang es ihm zu fliehen. Er lebte nun zuerst in Heidelberg, dann in Paris, kehrte aber 1913 wieder nach Berlin zurück. 1914 brach die Krankheit dann endgültig durch. Nach einigen Jahren privater Pflege kam er 1933 erneut in eine Anstalt, 1942 wurde er von den Nationalsozialisten deportiert und in ein Massenvernichtungslager gebracht.

Seine Bekanntheit verdankt er einem Gedicht, das bei seinem Erscheinen am 11. 1. 1911 wie eine Bombe einschlug und die Literatur der Epoche prägte wie kein zweiter Text. Noch 1957 erinnert sich Johannes R. Becher, damals selbst ein Vertreter des Expressionismus, an die Wirkung des Gedichts:

Auch die kühnste Phantasie meiner Leser würde ich überanstrengen bei dem Versuch, ihnen die Zauberhaftigkeit zu schildern, wie sie dieses Gedicht „Weltende" von Jakob van Hoddis für uns in sich barg. Diese zwei Strophen, o diese acht Zeilen schienen uns in andere Menschen verwandelt zu haben, uns emporgehoben zu haben aus einer Welt stumpfer Bürgerlichkeit, die wir verachteten und von der wir nicht wussten, wie wir sie verlassen sollten.

Das Gedicht begründete unter anderem den für die Zeit so typischen „Zeilenstil", bei dem die einzelnen Verse des Gedichts gar nicht oder nur lose zusammenzuhängen und geradezu untereinander austauschbar zu sein scheinen.
Im Folgenden sind die einzelnen Verse des Gedichts in willkürlicher Anordnung wiedergegeben:

	Reihenfolge
In allen Lüften hallt es wie Geschrei.	....
Dachdecker stürzen ab und gehn entzwei,	....
Die Eisenbahnen fallen von den Brücken.	....
Der Sturm ist da, die wilden Meere hupfen	....
Dem Bürger fliegt vom spitzen Kopf der Hut,	....
An Land, um dicke Dämme zu zerdrücken.	....
Und an den Küsten – liest man – steigt die Flut.	....
Die meisten Menschen haben einen Schnupfen.	....

1. Setzen Sie die einzelnen Verse zu einer sinnvollen Ordnung zusammen; begründen Sie Ihre Version.
2. Vergleichen Sie „Ihr" Gedicht mit dem authentischen Text (Lösungsteil) und übertragen Sie diesen auf die folgenden acht Zeilen:

....
....
....
....
....
....
....
....

3. Mit welchen sprachlichen Mitteln arbeitet der Verfasser? Untersuchen Sie jeden einzelnen Vers auf Eigenheiten, z. B. auf anscheinend unpassende Wörter.
4. Bezeichnen Sie van Hoddis' Schreibstil mit einem passenden Adjektiv und begründen Sie Ihre Ansicht.
5. Das Gedicht erschien zwar erst im Januar 1911, aber van Hoddis trug es als parodistisches Gedicht schon früher in einem Kabarett vor.
Können Sie sich vorstellen, in welchem Zusammenhang das Gedicht mit dem Erscheinen des Halleyschen Kometen im Jahr 1910 stand?

ERDE RUFT –
VERGÄNGLICHKEIT UND ICH-ZERFALL

O. Kokoschka: Georg Trakl (1914)

Wenn eine junge Dichtergeneration ihre Gesellschaft als hinfällig, morbide und als vom Untergang gezeichnet ansieht, kann es nicht verwundern, dass eines der Hauptmotive der Literatur die Vergänglichkeit und der Zerfall nicht nur der Welt um das eigene Ich herum, sondern des Ichs gleichermaßen ist. Dieses Motiv der Vergänglichkeit hat indessen keine religiöse Komponente – wie etwa das Vanitas-Motiv des Barock –, sondern zeigt sich in vielfältiger Form und in den verschiedensten Variationen. Man kann geradezu sagen, dass jeder Vertreter der Epoche seine ganz eigene Darstellungsweise des Verfalls, des Untergangs hatte. Einer der bedeutendsten Dichter der Epoche war Georg Trakl.

Georg Trakl (1887–1914) war der Sohn eines wohlhabenden Kaufmanns. Als Gymnasiast kam er schon früh mit der Literatur seiner Zeit in Berührung; er selbst begann 1904 mit dem Schreiben. 1908 nahm er ein Pharmaziestudium auf, das er 1910 abschloss. Nach dem Ausbruch des Ersten Weltkriegs arbeitete er als Sanitäter, wobei er ohne weitere Unterstützung in der Schlacht bei Grodek 90 Schwerverwundete zu versorgen hatte. Diese Erfahrung brachte ihn an den Rand des Wahnsinns und er unternahm einen Selbstmordversuch. Man brachte ihn daraufhin in das Krakauer Garnisonshospital, wo der schon seit mehreren Jahren Drogensüchtige am 3. November 1914 an einer Überdosis Kokain starb.
Trakl war ein zutiefst unglücklicher, von Schuldgefühlen wegen des inzestuösen Verhältnisses zu seiner Schwester geplagter Mensch, melancholisch und depressiv, ein Apologet menschlicher Obdachlosigkeit und Verzweiflung. Dies ist auch in der Entwicklung seiner Dichtung zunehmend zu beobachten. – Von seinen frühen Gedichten übernahm Trakl nur zwei in eine spätere Auswahl. Eines davon ist das Sonett *Verfall*:

Georg Trakl

Verfall

Am Abend, wenn die Glocken Frieden läuten,
Folg ich der Vögel wundervollen Flügen,
Die lang geschart, gleich frommen Pilgerzügen,
Entschwinden in den herbstlich klaren Weiten.

Hinwandelnd durch den dämmervollen Garten
Träum ich nach ihren helleren Geschicken
Und fühl der Stunden Weiser kaum mehr rücken.
So folg ich über Wolken ihren Fahrten.

Da macht ein Hauch mich von Verfall erzittern.
Die Amsel klagt in den entlaubten Zweigen.
Es schwankt der rote Wein an rost'gen Gittern,

Indes wie blasser Kinder Todesreigen
Um dunkle Brunnenränder, die verwittern,
Im Wind sich fröstelnd blaue Astern neigen.

1. Setzen Sie Inhalt und Stimmung dieses Gedichts um in eine filmische Szene. Erörtern Sie dabei auch die mögliche Kameraführung (Standort der Kamera, Weitwinkel- oder Teleobjektiv, Zoom etc.), Aspekte der Lichttechnik (Hell-Dunkel-Effekte, Farben) oder die Frage der Hintergrundmusik.
2. Vergleichen und diskutieren Sie Ihre Lösungen; analysieren Sie dabei genau am Text, inwieweit diese mit Trakls Gedicht in Einklang zu bringen sind.

Alfred Lichtenstein (1889–1914) wuchs als Fabrikantensohn in Berlin auf, wo er auch Abitur machte und studierte. Er schloss sein Jurastudium 1914 mit der Promotion ab. Sein erstes Gedicht veröffentlichte er 1910 in der bekannten literarischen Zeitschrift *Der Sturm*.
Im Oktober 1913 wurde er zum Militärdienst eingezogen, am 1. August 1914 war Mobilmachung und schon am 25. September desselben Jahres fiel er.

M. Oppenheimer: Alfred Lichtenstein

Alfred Lichtenstein
Punkt

Die wüsten Straßen ____________ lichterloh
Durch den erloschnen Kopf. Und ____________.
Ich ____________ deutlich, dass ich bald ____________–
Dornrosen meines Fleisches, ____________ nicht so.

Die Nacht ____________. Giftlaternenschein
Hat, kriechend, sie mit grünem Dreck ____________.
Das Herz ____________ wie ein Sack. Das Blut ____________.
Die Welt ____________. Die Augen ____________.

1. Setzen Sie aus den folgenden Verben die passenden Formen in die Lücken ein: beschmieren, einstürzen, erfrieren, fließen, fühlen, sein, stechen, umfallen, vergehen, verschimmeln, weh tun (+ „mir")
   Vergleichen Sie anschließend die verschiedenen Versionen und prüfen Sie diese im Zusammenhang mit der Wortwahl des Gedichts als Ganzem (z. B. Wahl der Adjektive, Metaphern, Adverbialen).
2. Vergleichen Sie Ihre Lösung mit dem Original (Lösungsteil).
3. Was meinen Sie: Wäre es möglich, in beiden Strophen die Verse 3 und 4 mit den Versen 1 und 2 zu vertauschen, ohne die Aussage des Gedichts wesentlich zu verändern?
   Wie wird das Verhältnis des Menschen zu seiner Stadt dargestellt?
4. Wie hängen die beiden Strophen inhaltlich und sprachlich zusammen?
5. Wie deuten Sie den Titel des Gedichts?
6. Verfassen Sie eine zusammenhängende Kurzinterpretation des Gedichts.

KRANKHEIT UND TOD

Gottfried Benn (1886–1956), der „Medizyniker", wie ihn seine Freunde nannten, stammte aus einem protestantischen Pfarrhaus. Nach seiner Gymnasialzeit in Frankfurt a. d. Oder nahm er zunächst das Studium der Theologie und Philologie auf, um dann überzuwechseln zur Medizin. Im Ersten Weltkrieg war er Militärarzt, dann, bis 1935, Arzt für Haut- und Geschlechtskrankheiten in Berlin. Seine Einstellung gegenüber dem Nazi-Regime war überaus umstritten und isolierte ihn in den Reihen der zeitgenössischen Schriftsteller. Nach dem Krieg eröffnete er in Berlin wieder eine Praxis und publizierte Lyrik und Prosaschriften.
Beherrschendes Thema seiner frühen Gedichte sind die schrecklichen Erfahrungen, die er als Arzt machen musste. Das unmittelbare Erleben der Hinfälligkeit des Menschen findet seinen Ausdruck in dem schockierenden Stil seiner ersten Gedichte, die unter dem viel sagenden Titel *Morgue* („Morgue" ist der Name des Pariser Leichenschauhauses) zu einer Sammlung (1912) zusammengefasst sind.

H. Janssen: Gottfried Benn (1914)

Gottfried Benn

Mann und Frau gehn durch die Krebsbaracke

Der Mann:
Hier diese Reihe sind zerfallene Schößе
und diese Reihe ist zerfallene Brust.
Bett stinkt bei Bett. Die Schwestern wechseln stündlich.

Komm, hebe ruhig diese Decke auf.
Sieh, dieser Klumpen Fett und faule Säfte,
das war einst irgendeinem Mann groß
und hieß auch Rausch und Heimat.

Komm, sieh auf diese Narbe an der Brust.
Fühlst du den Rosenkranz von weichen Knoten?
Fühl ruhig hin. Das Fleisch ist weich und schmerzt nicht.

Hier diese blutet wie aus dreißig Leibern.
Kein Mensch hat so viel Blut.
Hier dieser schnitt man
erst noch ein Kind aus dem verkrebsten Schoß.

Man läßt sie schlafen. Tag und Nacht. – Den Neuen
sagt man: Hier schläft man sich gesund. – Nur Sonntags
für den Besuch läßt man sie etwas wacher.

Nahrung wird wenig noch verzehrt. Die Rücken
sind wund. Du siehst die Fliegen. Manchmal
wäscht sie die Schwester. Wie man Bänke wäscht.

Hier schwillt der Acker schon um jedes Bett.
Fleisch ebnet sich zu Land. Glut gibt sich fort.
Saft schickt sich an zu rinnen. Erde ruft. Ⓡ

1. Das Gedicht ist dialogisch angelegt, obwohl nur der Mann spricht. Kann man aus seinen Aussagen Rückschlüsse auf die Frau und ihre Verhaltensweise ziehen?
2. Deuten Sie die einzelnen Bilder, die der Mann ihr zeigt.
3. Kennzeichnen Sie den Sprachstil des Mannes mit einem Adjektiv.
4. Analysieren Sie die Bildhaftigkeit der letzten Strophe.
5. Verfassen Sie ein Gegengedicht, das mit dem Vers beginnt: „Die Frau:".

DAS MOTIV DES IRRSINNS

In engem Zusammenhang mit dem Motiv der Krankheit und des äußeren Zerfalls steht auch die Thematik des inneren Zerfalls, des Verlusts des eigenen Ichs, der sich im Wahnsinn äußert. Auffallend viele Gedichte des Expressionismus beschäftigen sich mit diesem Thema, so auch zwei Texte von Johannes R. Becher und Georg Heym.

Johannes R. Becher (1891–1958) war der Sohn eines Gerichtspräsidenten. Er studierte Philosophie und Medizin, allerdings ohne Abschluss, und arbeitete anschließend für literarische Zeitschriften. 1919 trat er der Kommunistischen Partei bei, und von nun an wurden die religiösen Gehalte seiner Werke zunehmend von der Hoffnung auf die kommunistische Weltrevolution abgelöst. Während des Zweiten Weltkriegs lebte Becher in Moskau, dann ging er in die damalige DDR; dort wurde er 1954 Kultusminister.

Lektüre-Tipp:
Eine der berühmtesten und besten Erzählungen des Expressionismus thematisiert die Auflösung des Ichs in einer perspektivisch bis dahin unbekannten Form:
Alfred Döblin, Die Ermordung einer Butterblume (1910)

Johannes R. Becher
Der Idiot

L. Meidner: J. R. Becher (um 1920)

Er schwirrte durch der großen Städte Flucht. Das traf ihn schwer.
Auf hohlen Plätzen tosten Glitzer-Feste.
Staubwirbel bliesen ihn durch grüner Abendhimmel flaches Meer.
Er hockte heulend nachts auf Kuppeln brennender Paläste.

Und seine Straße warf sich steil empor und schraubte
Sich hoch hinaus bis an vergilbten Mondes Zackenrand,
Wo bog sie um und sprang zum Abendstern, der schnaubte,
Spie Feuer, riss rückwärts sie, dass stöhnend sie sich niederwand.

Er schlug, die Augen grün, Schaum dick ums Maul
Auf heißes Pflaster. Säule ward sein Schrei.
Ganz leise sang ein Droschkengaul
Und weiße Schleier wehten dicht vorbei.

Es stürzten Türme groß und Mauern drob zusammen.
Auf allen Dächern tosten Flammen laut.
Die Dome knieten nieder. Berge schwammen
Zur Stadt herein, von Regenbogen kreuzweis überbaut.

Da fuhr ein greller Strahl durch sein Gehirn.
Es gellte. Möwenschwärme schreckten auf.
Blütenwälder weiß begruben ihn.

Georg Heym*
Die Irren

* zur Biografie Heyms vgl. S. 16 f.

Der Mond tritt aus der gelben Wolkenwand
Die Irren hängen an den Gitterstäben
Wie große Spinnen, die an Mauern kleben.
Entlang den Gartenzaun fährt ihre Hand.

In offnen Sälen sieht man Tänzer schweben.
Der Ball der Irren ist es. Plötzlich schreit
Der Wahnsinn auf. Das Brüllen pflanzt sich weit,
Dass alle Mauern von dem Lärme beben.

Mit dem er eben über Hume* gesprochen,
Den Arzt ergreift er mit Gewalt.
Er liegt im Blut. Sein Schädel ist zerbrochen.

Ein Haufen Irrer schaut vergnügt. Doch bald
Enthuschen sie, da fern die Peitsche knallt,
Den Mäusen gleich, die in die Erde krochen.

* brit. Staatsphilosoph des 18. Jahrhunderts

H. Ehmsen: Irrensaal (1925)

1. Vergleichen Sie die beiden Gedichte. Beachten Sie dabei sprachliche, inhaltliche und perspektivische Aspekte. Versuchen Sie einzelne Bilder näher zu erläutern.
2. Untersuchen Sie die Gestaltung der Verse beider Gedichte: Wo wird der typische Zeilenstil verwendet, wo wird er durch Zeilensprünge (Enjambements) unterbrochen? – Versuchen Sie zu begründen.
3. Welches Gedicht ist Ihrer Ansicht nach das eindrücklichere? – Begründen Sie.
4. Ernst Stadler, ein Zeitgenosse Bechers und Heyms, nannte letzteren einen „Visionär des Grauen Erregenden und Grotesken". Finden Sie die Aussage berechtigt?

OPHELIA

Sinnbildlich für den Untergang menschlicher Unschuld, ja vielleicht sogar des Menschen überhaupt, ist das Motiv der Ophelia aus Shakespeares *Hamlet*. Diese, ein unschuldiges junges Mädchen, fällt nicht zuletzt auf Grund ihrer verschmähten Liebe zu dem Prinzen in Wahnsinn. Beim Kränzewinden stürzt Ophelia – Unfall oder Selbstmord? – ins Wasser und ertrinkt. Die entsprechende Passage steht in IV,7 und lautet folgendermaßen:

Es neigt ein Weidenbaum sich übern Bach
Und zeigt im klaren Strom sein graues Laub,
Mit welchem sie fantastisch Kränze wand
Von Hahnfuß, Nesseln, Maßlieb, Kuckucksblumen.
Dort, als sie aufklomm, um ihr Laubgewinde
An den gesenkten Ästen aufzuhängen,
Zerbrach ein falscher Zweig, und nieder fielen
Die rankenden Trophäen und sie selbst
Ins weinende Gewässer. Ihre Kleider
Verbreiteten sich weit und trugen sie
Sirenen gleich ein Weilchen noch empor,
Indes sie Stellen alter Weisen sang,
Als ob sie nicht die eigne Not begriffe,
Wie ein Geschöpf, geboren und begabt
Für dieses Element. Doch lange währt es nicht,
Bis ihre Kleider, die sich schwer getrunken,
Das arme Kind von ihren Melodien
Hinunterzogen in den schlamm'gen Tod.

1. Erörtern Sie die Frage, wie wohl ein Dichter des Expressionismus dieses Motiv dichterisch gestalten wird.
2. Ophelia – der Stoff für einen modernen Roman oder Film: Verfassen Sie eine Inhaltsangabe und eine Beschreibung der vorkommenden Personen.

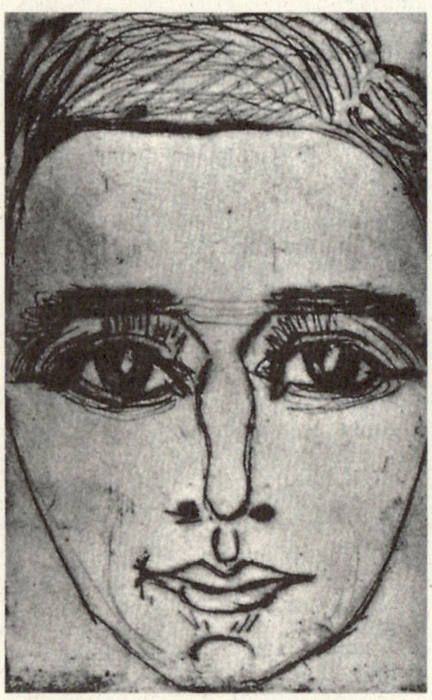
E. L. Kirchner: Georg Heym

„Ich wäre einer der größten Dichter geworden, wenn ich nicht einen solchen schweinischen Vater gehabt hätte. Zu einer Zeit, wo mir verständige Pflege nötig war, musste ich alle Kraft aufwenden um den Schuft von mir fern zu halten." Diese Zeilen notiert Georg Heym (1887–1912) am 3.11.1911 in seinem Tagebuch. Der so verhasste Vater, ein Anwalt, führte ein tyrannisches Regime, das dem Wesen seines Sohnes völlig zuwiderlief. Georg Heym war ein dynamischer Mensch, der sich mit aller Kraft gegen die Krusten der zeitgenössischen Gesellschaft stellte und der sich in dem unbedingten Willen, etwas zu verändern, sogar zu der folgenden Aussage verstieg:

Mein Gott – ich ersticke noch mit meinem brachliegenden Enthusiasmus in dieser banalen Zeit. Denn ich bedarf gewaltiger äußerer Emotionen, um glücklich zu sein. Ich sehe mich in meinen wachen Phantasien immer als einen Danton oder einen Mann auf der Barrikade, ohne meine Jakobinermütze kann ich mich eigentlich gar nicht denken. Ich hoffe jetzt wenigstens auf einen Krieg. Auch das ist nichts.

(Tagebuch vom 15.9.1911)

Georg Heym machte 1907 sein Abitur, nachdem er zuvor die Schule hatte wechseln müssen, und begann danach ein Jurastudium. Am 16. Januar 1912 ertrank er beim Schlittschuhlaufen auf der Havel.
Sein Gedicht *Ophelia* entstand 1910.

Georg Heym

Ophelia

I

Im Haar ein Nest von jungen Wasserratten,
Und die beringten Hände auf der Flut
Wie Flossen, also treibt sie durch den Schatten
Des großen Urwalds, der im Wasser ruht.

Die letzte Sonne, die im Dunkel irrt,
Versenkt sich tief in ihres Hirnes Schrein.
Warum sie starb? Warum sie so allein
Im Wasser treibt, das Farn und Kraut verwirrt?

Im dichten Röhricht steht der Wind. Er scheucht
Wie eine Hand die Fledermäuse auf.
Mit dunklem Fittich, von dem Wasser feucht
Stehn sie wie Rauch im dunklen Wasserlauf,

Wie Nachtgewölk. Ein langer, weißer Aal
Schlüpft über ihre Brust. Ein Glühwurm scheint
Auf ihrer Stirn. Und eine Weide weint
Das Laub auf sie und ihre stumme Qual.

II

Korn. Saaten. Und des Mittags roter Schweiß.
Der Felder gelbe Winde schlafen still.
Sie kommt, ein Vogel, der entschlafen will.
Der Schwäne Fittich überdacht sie weiß.

Die blauen Lider schatten sanft herab.
Und bei der Sensen blanken Melodien
Träumt sie von eines Kusses Karmoisin★
Den ewigen Traum in ihrem ewigen Grab.

Vorbei, vorbei. Wo an das Ufer dröhnt
Der Schall der Städte. Wo durch Dämme zwingt
Der weiße Strom. Der Widerhall erklingt
Mit weitem Echo. Wo herunter tönt

Hall voller Straßen. Glocken und Geläut.
Maschinenkreischen. Kampf. Wo westlich droht
In blinde Scheiben dumpfes Abendrot,
In dem ein Kran mit Riesenarmen dräut★,

Mit schwarzer Stirn, ein mächtiger Tyrann,
Ein Moloch, drum die schwarzen Knechte knien.
Last schwerer Brücken, die darüber ziehn
Wie Ketten auf dem Strom, und harter Bann.

Unsichtbar schwimmt sie in der Flut Geleit.
Doch wo sie treibt, jagt weit den Menschenschwarm
Mit großem Fittich auf ein dunkler Harm,
Der schattet über beide Ufer breit.

Vorbei, vorbei. Da sich dem Dunkel weiht
Der westlich hohe Tag des Sommers spät,
Wo in dem Dunkelgrün der Wiesen steht
Des fernen Abends zarte Müdigkeit.

Der Strom trägt weit sie fort, die untertaucht,
Durch manchen Winters trauervollen Port★.
Die Zeit hinab. Durch Ewigkeiten fort,
Davon der Horizont wie Feuer raucht.

★ veraltet für „drohen“

★ Hafen, auch Zufluchtsort

★ Karmesin: roter Farbstoff; karmoisieren: einen größeren Edelstein mit weiteren, kleineren, umgeben

1. Notieren Sie die einzelnen Stationen Ophelias und den zeitlichen Verlauf ihrer „Reise“. Wie werden diese Stationen im Einzelnen dargestellt?
2. Wie ist das Gedicht inhaltlich und formal gegliedert?
3. Erarbeiten und interpretieren Sie die visionären Bilder des Gedichts.

Auch Gottfried Benn hat das Thema aufgegriffen. Eines der beiden folgenden Gedichte ist authentisch und stammt aus Benns Gedichtband „Morgue", das andere ist gefälscht:

Der Mund eines Mädchens, das lange im Schilf gelegen hatte,
sah so angeknabbert aus.
Als man die Brust aufbrach, war die Speiseröhre so löcherig.
Schließlich in einer Laube unter dem Zwerchfell
fand man ein Nest von jungen Ratten.
Ein kleines Schwesterchen lag tot.
Die andern lebten von Leber und Niere,
tranken das kalte Blut und hatten
hier eine schöne Jugend verlebt.
Und schön und schnell kam auch ihr Tod:
Man warf sie allesamt ins Wasser.
Ach, wie die kleinen Schnauzen quietschten! Ⓡ

Der Mund des Mädchens, das lange
tot im Schilf gelegen hatte,
war zerfetzt.
Die Obduktion ergab
daß sich in ihrem Körper
Ratten
eingenistet
hatten.
Sie lebten von den Innereien und
kaltem Blut.
Das Skalpell des Arztes
machte
die kleinen Schnauzen quietschen! Ⓡ

R. v. Hoerschelmann: Umschlagzeichnung zu *Morgue* (1923)

1. Welche Version passt Ihrer Ansicht nach eher zu dem, was Sie bisher über Gottfried Benn erfahren haben? (Vgl. S. 13 f.)
2. Suchen Sie für „Ihr" Gedicht eine passende Überschrift.
3. Vergewissern Sie sich im Lösungsheft, welches die Originalversion ist, und analysieren Sie diese inhaltlich und sprachlich im Vergleich mit der Fälschung.
4. Stellen Sie einen Bezug zum Motiv der „Ophelia" her.
5. Vergleichen Sie das Menschenbild im folgenden Gedicht Walter Hasenclevers mit dem aus Gottfried Benns Text.

Walter Hasenclever (1890–1940) studierte in Oxford und Lausanne Literatur, Philosophie und Geschichte. Als entschiedener Gegner des Nazi-Regimes ging er 1933 ins Exil nach Frankreich, wo er nach dem Einmarsch deutscher Truppen inhaftiert wurde. In der Haft setzte er seinem Leben selbst ein Ende. Er ist vor allem als Dramatiker bekannt geworden.

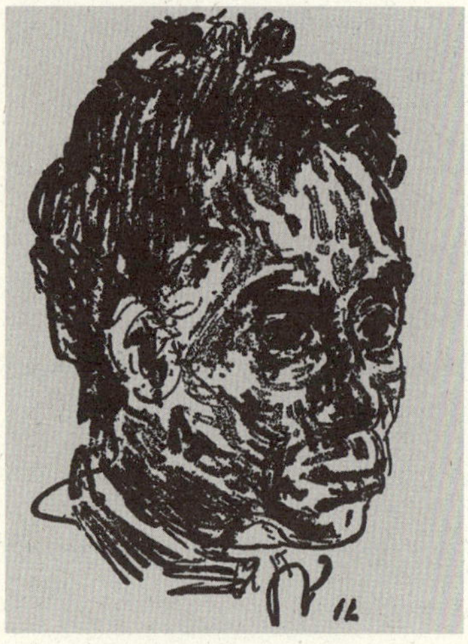

O. Kokoschka: Walter Hasenclever

Walter Hasenclever

Auf den Tod einer Frau

Wenn du dich neigst am Saum des Himmels,
Sommerentlaubt:
Wir bleiben zurück,
Wir öffnen die Augen,
Wir sehen dein ewiges Bild.
Nun weißt du alles,
Träne und Hoffnung,
Die Welt des Leides, die Welt des Glücks.
Erlöste Seele, geliebte Seele,
Schwester unser,
Die Heimat ist da!

AM KEHRICHT PFEIFT VERLIEBT EIN RATTENCHOR – DIE STADT ALS GOTT UND SÜNDENPFUHL

Großstadt: Das hieß im Expressionismus Entwicklung, Fortschritt, Spannung, Leben, Nervenkitzel, Reizüberflutung, aber auch Armut, Elend, Krankheit und Tod. Insbesondere Berlin war damals das geistige wie auch wirtschaftlich-politische Zentrum Europas. Viele der zeitgenössischen Dichter sind mit dieser Stadt so stark verbunden, dass sie aus ihren Gedichten gar nicht wegzudenken ist.

Georg Heym

Die Vorstadt

In ihrem Viertel, in dem Gassenkot,
Wo sich der große Mond durch Dünste drängt,
Und sinkend an dem niedern Himmel hängt,
Ein ungeheurer Schädel, weiß und tot,

Da sitzen sie die warme Sommernacht
Vor ihrer Höhlen schwarzer Unterwelt,
Im Lumpenzeuge, das vor Staub zerfällt
Und aufgeblähte Leiber sehen macht.

Hier klafft ein Maul, das zahnlos auf sich reißt.
Hier hebt sich zweier Arme schwarzer Stumpf.
Ein Irrer lallt die hohlen Lieder dumpf,
Wo hockt ein Greis, des Schädel Aussatz weißt.

Es spielen Kinder, denen früh man brach
Die Gliederchen. Sie springen an den Krücken
Wie Flöhe weit und humpeln voll Entzücken
Um einen Pfennig einem Fremden nach.

Aus einem Keller kommt ein Fischgeruch,
Wo Bettler starren auf die Gräten böse.
Sie füttern einen Blinden mit Gekröse.
Er speit es auf das schwarze Hemdentuch.

Bei alten Weibern löschen ihre Lust
Die Greise unten, trüb im Lampenschimmer,
Aus morschen Wiegen schallt das Schreien immer
Der magren Kinder nach der welken Brust.

Ein Blinder dreht auf schwarzem, großem Bette
Den Leierkasten zu der Carmagnole*,
Die tanzt ein Lahmer mit verbundener Sohle.
Hell klappert in der Hand die Kastagnette.

[…]

Am Mauertor, in Krüppeleitelkeit
Bläht sich ein Zwerg in rotem Seidenrocke,
Er schaut hinauf zur grünen Himmelsglocke,
Wo lautlos ziehn die Meteore weit.

Georg Trakl

Vorstadt im Föhn

Am Abend liegt die Stätte öd und braun,
Die Luft von gräulichem Gestank durchzogen.
Das Donnern eines Zugs vom Brückenbogen –
Und Spatzen flattern über Busch und Zaun.

Geduckte Hütten, Pfade wirr verstreut,
In Gärten Durcheinander und Bewegung,
Bisweilen schwillt Geheul aus dumpfer Regung,
In einer Kinderschar fliegt rot ein Kleid.

Am Kehricht pfeift verliebt ein Rattenchor.
In Körben tragen Frauen Eingeweide,
Ein ekelhafter Zug voll Schmutz und Räude,
Kommen sie aus der Dämmerung hervor.

Und ein Kanal speit plötzlich feistes Blut
Vom Schlachthaus in den stillen Fluss hinunter.
Die Föhne färben karge Stauden bunter
Und langsam kriecht die Röte durch die Flut.

Ein Flüstern, das in trübem Schlaf ertrinkt.
Gebilde gaukeln auf aus Wassergraben,
Vielleicht Erinnerung an ein früheres Leben,
Die mit den warmen Winden steigt und sinkt.

Aus Wolken tauchen schimmernde Alleen,
Erfüllt von schönen Wägen, kühnen Reitern.
Dann sieht man auch ein Schiff auf Klippen scheitern
Und manchmal rosenfarbene Moscheen.

* franz. Revolutionslied

1. Greifen Sie irgendein Bild aus den beiden Gedichten heraus und entwerfen Sie davon eine fiktive Bildbeschreibung. Beachten Sie dabei, dass die Bildbeschreibung zum Text passen sollte. Begründen Sie Ihre Auswahl. Tragen Sie Ihre Bildbeschreibungen in der Reihenfolge der Strophen vor.
2. Erläutern Sie die Perspektive, aus der die beiden Texte geschrieben zu sein scheinen.
3. Interpretieren und vergleichen Sie die beiden Gedichte; verfassen Sie dazu erst eine passende Einleitung – beispielsweise zum gemeinsamen Thema der beiden Texte.

L. Meidner: Ich und die Stadt (1913)

Das Motiv der Stadt (vgl. auch S. 50 ff.) erscheint im Expressionismus sehr häufig und in verschiedenster Brechung. Es ist auch literaturgeschichtlich interessant festzustellen, dass eines der zentralen Motive der Lyrik bis weit ins 19. Jahrhundert hinein die Natur war. Nun aber, zu Beginn des 20. Jahrhunderts, dokumentiert sich auch in der Lyrik, dass der Lebensraum des Menschen zunehmend die Großstadt ist, mit all ihren Verlockungen und Abscheulichkeiten. Dabei geht es den Expressionisten – anders als beispielsweise den Naturalisten – nicht um die Darstellung *sozialen* Elends, sondern hinter all den gesichtslosen Gestalten der Großstadtgedichte, Bettlern, Krüppeln, Prostituierten, verbergen sich existenzielle Not und Heimatlosigkeit des Menschen schlechthin. Es gibt unter ihnen keine Charaktere, sie sind amorphe Einzelteile einer Masse.

Im Folgenden werden drei Gedichte verschiedener Autoren präsentiert, und zwar zerlegt in die einzelnen Strophen. Gemeinsamkeiten, aber auch zentrale Unterschiede werden deutlich, wenn man versucht, die einzelnen Strophen einander zuzuordnen. Hinweis: Alle Gedichte sind in Sonettform geschrieben (= zwei Quartette, gefolgt von zwei Terzetten).

Und wie stumm in abgeschlossner Höhle
Unberührt und ungeschaut
Steht doch jeder fern und fühlt: alleine.

Gestalten wachsen groß aus jedem Strauch,
die Wipfel wehen fort wie träger Rauch
und Täler werfen Berge ab, die lange drückten.

Die Menschen rinnen über den Asphalt,
Ameisenemsig, wie Eidechsen flink.
Stirne und Hände, von Gedanken blink,
schwimmen wie Sonnenlicht durch dunklen Wald

Nah wie Löcher eines Siebes stehn
Fenster beieinander, drängend fassen
Häuser sich so dicht an, dass die Straßen
Grau geschwollen wie Gewürgte sehn.

Die Häuser haben Augen aufgetan,
Stern unter Sternen ist die Erde wieder,
die Brücken tauchen in das Flussbett nieder
und schwimmen in der Tiefe Kahn an Kahn.

Die Menschen aber staunen mit entrückten
Gesichtern in der Sterne Silberschwall
und sind wie Früchte reif und süß zum Fall.

Unsre Wände sind so dünn wie Haut,
Dass ein jeder teilnimmt, wenn ich weine,
Flüstern dringt hinüber wie Gegröle:

Der Potsdamer Platz in ewigem Gebrüll
Vergletschert alle hallenden Lawinen
Der Straßentakte: Trams auf Eisenschienen
Automobile und den Menschenmüll.

Die mehren sich, zerschnitten von den Wagen –
Aufspritzt Berlin, des Tages glitzernd Nest,
Vom Rauch der Nacht wie Eiter einer Pest.

Ineinander dicht hineingehakt
Sitzen in den Trams die zwei Fassaden
Leute, wo die Blicke eng ausladen
Und Begierde ineinander ragt.

Am Abend stehn die Dinge nicht mehr blind
und mauerhart in dem Vorüberspülen
gehetzter Stunden; Wind bringt von den Mühlen
gekühlten Tau und geisterhaftes Blau.

Nachtregen hüllt den Platz in eine Höhle,
Wo Fledermäuse, weiß, mit Flügeln schlagen
Und lila Quallen liegen – bunte Öle;

1. Kennzeichnen Sie die jeweilige Strophenfolge in drei verschiedenen Farben mit den Ziffern 1 bis 4. Begründen Sie Ihre Lösung mit inhaltlichen und sprachlichen Aspekten.
2. Vergleichen Sie Ihre Version mit den Originaltexten (Lösungsteil).
3. E Erörtern Sie die Frage, inwieweit die drei Gedichte schablonenhaft sind.

„Weil der Mensch so ganz und gar Ausgangspunkt, Mittelpunkt und Zielsetzung dieser Dichtung ist, deshalb hat die Landschaft wenig Platz in ihr. Die Landschaft wird niemals hingemalt, geschildert, besungen; sondern sie ist ganz vermenscht: Sie ist Grauen, Melancholie, Verwirrung des Chaos […].“ – Diese Worte von Kurt Pinthus legen es nahe, die „Landschaft“ umzudefinieren als Stadt, denn sie ist im Expressionismus der eigentliche Lebensraum des Menschen.

In seinen *Anleitungen zum Malen von Großstadtbildern* (1914) schreibt Ludwig Meidner:

Eine Straße besteht nicht aus Tonwerten, sondern ist ein Bombardement von zischenden Fensterreihen, sausenden Lichtkegeln zwischen Fuhrwerken aller Art und tausend hüpfenden Kugeln, Menschenfetzen, Reklameschildern und dröhnenden, gestaltlosen Farbmassen …

L. Meidner: Apokalyptische Stadt (1913)

Das wohl bekannteste Gedicht zum Thema Stadt stammt wiederum von Georg Heym; es bündelt in sich alle Stimmungen und Nuancen der Einstellung des Expressionismus zur Stadt.

Verkörperung des Lebens in der Großstadt

Georg Heym
Der Gott der Stadt

Auf einem Häuserblocke sitzt er breit.
Die Winde lagern schwarz um seine Stirn.
Er schaut voll Wut, wo fern in Einsamkeit
Die letzten Häuser in das Land verirrn.

Vom Abend glänzt der rote Bauch dem Baal*,
Die großen Städte knien um ihn her.
Der Kirchenglocken ungeheure Zahl
Wogt auf zu ihm aus schwarzer Türme Meer.

Wie Korybanten-Tanz* dröhnt die Musik
Der Millionen durch die Straßen laut.
Der Schlote Rauch, die Wolken der Fabrik
Ziehn auf zu ihm, wie Duft von Weihrauch blaut.

Das Wetter schwelt in seinen Augenbrauen.
Der dunkle Abend wird in Nacht betäubt.
Die Stürme flattern, die wie Geier schauen
Von seinem Haupthaar, das im Zorne sträubt.

Er streckt ins Dunkel seine Fleischerfaust.
Er schüttelt sie. Ein Meer von Feuer jagt
Durch eine Straße. Und der Glutqualm braust
Und frisst sie auf, bis spät der Morgen tagt.

Randnotizen: Abend → … Morgen →; Bezug; (→ außerhalb seines Machtbereichs); Widerspruch? Logik?; potenzielle Bedrohung; transitiv; (→ Abendsonne bescheint seinen Bauch); Huldigung; geistlich und weltlich; Simultaneität; Opfergaben; pulsierendes Großstadtleben als Kulthandlung für Götzenbild; Vorboten des Untergangs; Aasfresser; Enjambement (Feuer außer Kontrolle?); Zerstörung und Neubeginn

*heidnische Großstadtgottheit; auch Wettergott

*ekstatisch-tobende Priester der Göttin Kybele

1. Prüfen Sie die Randnotizen zu diesem Gedicht. Finden Sie alle Hinweise hilfreich?
2. Versuchen Sie möglichst viele Einzelaspekte in einer zusammenhängenden Interpretation zu vereinen.

UNTERHALTUNG UND NACHTLEBEN

Es ist durchaus nicht so, dass die jungen Expressionisten, abgekehrt vom Treiben der Welt, nur Gedichte über Irrsinn, Tod und Vergänglichkeit geschrieben hätten. Eher das Gegenteil ist richtig. Viele von ihnen lebten in Berlin, einer der damals fortschrittlichsten Großstädte der Welt. Sie bewegten sich in Varietés, Literaturcafés, in den neu entstandenen Kinos, in Kneipen, Bars und Bordellen. Kurz: Sie wurden von allen Vergnügungsstätten, die eine Weltstadt zu bieten hat, angezogen und zugleich auch abgestoßen. Und diese ambivalente Einstellung zur Stadt kommt auch in zahlreichen Gedichten (und Bildern!) der Epoche zum Ausdruck. Eines der bekanntesten Gedichte zu dieser Thematik ist Gottfried Benns *Nachtcafé*, veröffentlicht als letztes Gedicht seiner Sammlung *Morgue*:

Gottfried Benn

Nachtcafé

824: Der Frauen Liebe und Leben.
Das Cello trinkt rasch mal. Die Flöte
rülpst tief drei Takte lang: das schöne Abendbrot.
Die Trommel liest den Kriminalroman zu Ende.

Grüne Zähne, Pickel im Gesicht
winkt einer Lidrandentzündung.

Fett im Haar
spricht zu offenem Mund mit Rachenmandel
Glaube Liebe Hoffnung um den Hals.

Junger Kropf ist Sattelnase gut.
Er bezahlt für sie drei Biere.

Bartflechte kauft Nelken,
Doppelkinn zu erweichen.

B-moll: die 35. Sonate.
Zwei Augen brüllen auf:
Spritzt nicht das Blut von Chopin in den Saal,
damit das Pack drauf rumlatscht!
Schluß! He, Gigi! –

Die Tür fließt hin: ein Weib.
Wüste ausgedörrt. Kanaanitisch braun.
Keusch. Höhlenreich. Ein Duft kommt mit. Kaum Duft.
Es ist nur eine süße Vorwölbung der Luft
gegen mein Gehirn.

Eine Fettleibigkeit trippelt hinterher. R

O. Dix: Triptychon
(mittlerer Teil)

Im Folgenden werden auszugsweise zwei neuere Modellinterpretationen zu Benns Gedicht wiedergegeben:

[...] Abstoßende männliche Kreaturen werben um verkommene Frauen. Benn demonstriert dies an vier Paaren, indem er mit medizinischer Sachlichkeit deren physische Versehrtheit offenbart. Anstelle der Personen nennt der Dichter, pars pro toto, einzig Symptome des Zerfalls oder Namen verunstaltender Krankheiten. In der auf das Triebhafte reduzierten Atmosphäre des Nachtcafés wirkt jener Anhänger mit Kreuz, Herz und Anker, den Sinnbildern des christlichen Glaubens, der Liebe und Hoffnung, am Hals einer Prostituierten mit „offenem Mund" und „Rachenmandel" wie eine Gotteslästerung. Als eine andere Art von Blasphemie wird das Herunterspielen der Sonate Opus 35 von Chopin an diesem Ort empfunden. Der Protest verbalisiert sich jedoch nicht. Lediglich „zwei Augen brüllen auf". Wurde dem Leser bis hierher das Nachtcafé-Publikum allein durch einzelne Merkmale des Hässlichen und Kranken präsentiert, so tritt jetzt eine Person in den Saal: „Ein Weib". Mag auch sie allgemeinem Schönheitsideal widersprechen, so wirkt sie doch auf das lyrische Ich, diese „ausgedörrte", exotische, kanaanitisch braune Frau. Sie scheint ihm keusch und Glück versprechend zu sein. Faszinierend durch das, was ihr vorausweht: „Kaum Duft. Es ist nur eine süße Vorwölbung der Luft ...". Die von der Frau ausgehende Faszination wird jedoch im Nachsatz ironisch gebrochen. Sie kommt nicht allein, eine „Fettleibigkeit trippelt hinterher". Das nun assoziierte Bild vom ungleichen Paar, der großen Dürren und dem kleinen Dicken, widerlegt die Vermutung von der Keuschheit jenes „Weibes", dessen Gunst jetzt gleichfalls käuflich erscheint. Somit finden „der Frauen Liebe und Leben" des Walzers und des romantischen Liederzyklus in Benns Gedicht ihre Widerrufung: Nicht Liebe, sondern Geschlechtstrieb beherrscht die Szene. (M. Szyrocki)

In diesem Gedicht erscheinen die Personen selbst nur noch als ihre hässlichen Attribute: „Grüne Zähne, Pickel im Gesicht", „Lidrandentzündung", „Junger Kropf", „Sattelnase", „Bartflechte", „Doppelkinn", „Eine Fettleibigkeit". Die Eingangsverse potenzieren dieses Verfahren noch, indem sie das Spiel der Instrumente zu einem Sauf- und Rülpsgeschehen verhässlichen, und die Instrumente ferner als Metaphern für die Personen eingesetzt sind, die somit einer doppelten Reduktion unterzogen werden: die Person als Cello, Flöte, Trommel und das Spiel der Instrumente als Saufen, Rülpsen und das Lesen eines Kriminalromans. Dabei konvergieren Verdinglichung der Person und Personifizierung der Dinge. Die Eingangsverse wären ja auch zu beschreiben als Personifikationsformen. In beiden Fällen dominiert der Aspekt des Hässlichen. Die scheinbare Ausnahme in diesem Gedicht: ein Sinnlichkeit und Süße verbreitendes Weib – „Keusch. Höhlenreich ..." – entlarvt sich rasch durch ihren Anhang: „Eine Fettleibigkeit trippelt hinterher."
Alles Personale also ist aufgelöst in Attribute. Der Autor scheint dabei – im Gegensatz zur Lyrik Heyms – kaum im Blickfeld. Abgesehen von dem Ausbruch in den Versen 15 ff., der aber rasch wieder in sich zusammenbricht – „Schluss! He, Gigi!" – scheint er sich mit der Rolle des distanzierten Registrators zu begnügen. [...] (S. Vietta)

G. Grosz: Dr. Benns Nachtcafé

1. Bearbeiten Sie den Textabdruck des Gedichts auf der Basis dieser beiden Interpretationen. Machen Sie sich dabei Randnotizen, wie im Beispiel von Heyms Gedicht *Der Gott der Stadt* (S. 21) gezeigt.
2. Welche Interpretation ist für Sie die hilfreichere?
3. Fehlen in den beiden Interpretationen wichtige Aspekte? – Ergänzen Sie notfalls.
4. Passt die Illustration von George Grosz zum Gedicht? – Bewerten Sie sie auf der Basis Ihrer Textinterpretation.
5. Verfassen Sie ein Gedicht zum Thema „Abiball", in dem Sie Benns Methode anwenden – selbstverständlich ohne dessen verletzende Schärfe.

ALLE STRASSEN MÜNDEN IN SCHWARZE VERWESUNG – DER KRIEG

Die düsteren Visionen zahlreicher expressionistischer Gedichte aus den Jahren vor dem Ersten Weltkrieg erwecken den Eindruck, als hätten die Expressionisten den Krieg ausnahmslos gefürchtet und verabscheut. Dies ist in dieser Form nicht richtig und gilt nur für einige von ihnen. Andere sahen ihn durchaus als notwendig an, um die Zeit nachhaltig zu reinigen. Hierin zeigt sich die Nähe des Expressionismus zum „Futurismus", einer italienischen Strömung zu Beginn des Jahrhunderts, deren Wortführer, Filippo Tommaso Marinetti im Jahr 1909 schreibt:

Wir wollen den Krieg preisen – diese einzige Hygiene der Welt –, den Militarismus, den Patriotismus, die schönen Gedanken, die töten [...].

Und Georg Heym schreibt im Juli 1910 in einer Tagebuchnotiz:

Geschähe doch einmal etwas. Würden einmal wieder Barrikaden gebaut. Ich wäre der Erste, der sich darauf stellte, ich wollte noch mit der Kugel im Herzen den Rausch der Begeisterung spüren. Oder sei es auch nur, dass man einen Krieg begänne, er kann ungerecht sein. Dieser Frieden ist so ölig und schmierig wie eine Leimpolitur auf alten Möbeln.

Seine letztendlich doch ambivalente Einstellung zum Krieg kommt am besten 1911 in einem seiner berühmtesten Gedichte zum Ausdruck:

Georg Heym

Der Krieg I

Aufgestanden ist er, welcher lange schlief,
Aufgestanden unten aus Gewölben tief.
In der Dämmrung steht er, groß und unerkannt,
Und den Mond zerdrückt er in der schwarzen Hand.

In den Abendlärm der Städte fällt es weit,
Frost und Schatten einer fremden Dunkelheit,
Und der Märkte runder Wirbel stockt zu Eis.
Es wird still. Sie sehn sich um. Und keiner weiß.

In den Gassen fasst es ihre Schulter leicht.
Eine Frage. Keine Antwort. Ein Gesicht erbleicht.
In der Ferne wimmert ein Geläute dünn
Und die Bärte zittern um ihr spitzes Kinn.

Auf den Bergen hebt er schon zu tanzen an
Und er schreit: Ihr Krieger alle, auf und an!
Und es schallet, wenn das schwarze Haupt er schwenkt,
Drum von tausend Schädeln laute Kette hängt.

Einem Turm gleich tritt er aus die letzte Glut,
Wo der Tag flieht, sind die Ströme schon voll Blut.
Zahllos sind die Leichen schon im Schilf gestreckt,
Von des Todes starken Vögeln weiß bedeckt.

Über runder Mauern blauem Flammenschwall
Steht er, über schwarzer Gassen Waffenschall.
Über Toren, wo die Wächter liegen quer,
Über Brücken, die von Bergen Toter schwer.

In die Nacht er jagt das Feuer querfeldein
Einen roten Hund mit wilder Mäuler Schrein.
Aus dem Dunkel springt der Nächte schwarze Welt,
Von Vulkanen furchtbar ist ihr Rand erhellt.

Und mit tausend roten Zipfelmützen weit
Sind die finstren Ebnen flackend überstreut,
Und was unten auf den Straßen wimmelt hin und her,
Fegt er in die Feuerhaufen, dass die Flamme brenne mehr.

Und die Flammen fressen brennend Wald um Wald,
Gelbe Fledermäuse zackig in das Laub gekrallt.
Seine Stange haut er wie ein Köhlerknecht
In die Bäume, dass das Feuer brause recht.

Eine große Stadt versank in gelbem Rauch,
Warf sich lautlos in des Abgrunds Bauch.
Aber riesig über glühnden Trümmern steht
Der in wilde Himmel dreimal seine Fackel dreht,

Über sturmzerfetzter Wolken Widerschein,
In des toten Dunkels kalte Wüstenein,
Dass er mit dem Brande weit die Nacht verdorr,
Pech und Feuer träufet unten auf Gomorrh.

1. Gehen Sie der Frage nach, inwieweit die Strophenfolge des Gedichts veränderbar ist.
2. Zeigen Sie, mit welchen Bildern der Krieg dargestellt wird. Wie entwickelt er sich?
3. Wie stehen die Menschen zum Krieg?
4. Sie sind eine Malerin bzw. ein Maler des Expressionismus. Welches Bild dieses Gedichts würden Sie am ehesten künstlerisch umsetzen? – Begründen Sie.
5. Formulieren Sie eine mögliche Aussageabsicht des Gedichts und beachten Sie in diesem Zusammenhang auch ganz besonders die letzte Strophe.

Seine Biografie lässt nicht vermuten, dass sich hinter ihm einer der sprachlich radikalsten Expressionisten versteckt: August Stramm (1874–1915), Sohn eines Feldwebels, war ein biederer Beamter mit Abitur, der beim Seepostdienst arbeitete. Seine Versetzung nach Berlin machte es ihm möglich, nebenberuflich zu studieren und 1909 zu promovieren. 1914 war er auf dem Höhepunkt seiner Karriere als Postinspektor im Reichspostministerium und Hauptmann der Reserve. Ungefähr seit Beginn des Jahrhunderts hatte er Gedichte und Dramatisches geschrieben, als er 1913 den Futuristen Marinetti in einem Vortrag hörte. Daraufhin vernichtete er alles, was er bis dahin geschrieben hatte, und begründete einen ganz neuen, eigenen und für ihn sehr typischen Schreibstil. – Nach Kriegsausbruch rückte Hauptmann Stramm ein – er fiel am 1. September 1915.

August Stramm

äste berge blättern die feinden fenster gellen grinst raschlig steine sträucher tod verrat würgen

1. Entwerfen Sie aus diesem Wortmaterial ein Gedicht mit dem Titel *Patrouille*. (Hinweis: Einige Wörter werden groß geschrieben.)
2. Vergleichen und diskutieren Sie Ihre Versionen.
3. Vergleichen Sie Ihr Gedicht mit dem Stramms (Lösungsteil). Was wollte er wohl vermitteln?
4. Bestimmen Sie die Wortarten in seinem Gedicht. Sind sie immer eindeutig zu bestimmen? Welche sind auffällig oft, welche sehr selten vertreten? – Haben Sie dafür eine Erklärung?

Das berühmteste Kriegsgedicht der Epoche, *Grodek*, stammt von Georg Trakl. Es ist benannt nach einer Ortschaft im ehemaligen Galizien, wo im August 1914 die Armeen von Österreich-Ungarn und Russland gegeneinander kämpften. Das Gedicht *Grodek* entstand im Garnisonskrankenhaus in Krakau, kurz vor Trakls Tod.*

* vgl. die Hinweise zur Biografie Trakls, S. 12

Georg Trakl

Grodek

Am Abend tönen die herbstlichen Wälder
Von tödlichen Waffen, die goldnen Ebenen
Und blauen Seen, darüber die Sonne
Düstrer hinrollt; umfängt die Nacht
Sterbende Krieger, die wilde Klage
Ihrer zerbrochenen Münder.
Doch stille sammelt im Weidengrund
Rotes Gewölk, darin ein zürnender Gott wohnt
Das vergossne Blut sich, mondne Kühle;
Alle Straßen münden in schwarze Verwesung.
Unter goldnem Gezweig der Nacht und Sternen
Es schwankt der Schwester Schatten durch den schweigenden Hain,
Zu grüßen die Geister der Helden, die blutenden Häupter;
Und leise tönen im Rohr die dunkeln Flöten des Herbstes.
O stolzere Trauer! Ihr ehernen Altäre
Die heiße Flamme des Geistes nährt heute ein gewaltiger Schmerz,
Die ungebornen Enkel.

1. Das Gedicht besteht aus vier Sätzen. Formulieren Sie diese so um, dass sie syntaktisch „richtig" und vollständig werden. Bei welchem Satz ergeben sich Probleme?
2. Zeigen Sie am Text, wie äußere und innere Wirklichkeit ineinandergreifen und wie sich das Schwergewicht beider Aspekte verlagert.
3. Analysieren Sie die Klanggestalt des Gedichts (Alliterationen, Assonanzen usw.).

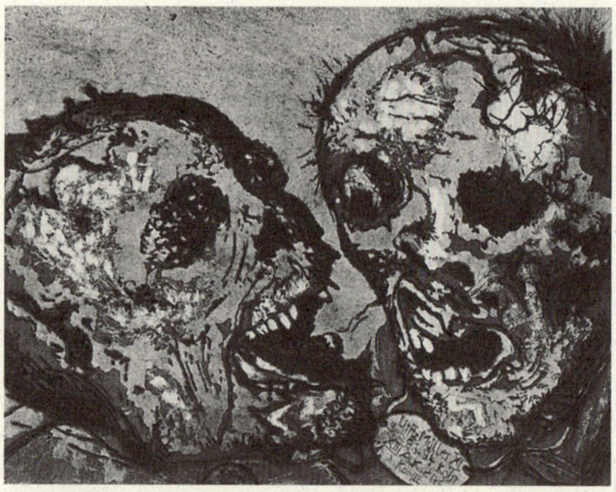

O. Dix: Tote vor der Stellung bei Tahure K 119 (1924)

Beispielhaft für einige der Expressionisten ist der Maler Otto Dix, der den Krieg anfangs begrüßte und der 1914 als Freiwilliger in den Krieg ging. Er hielt zahlreiche Kriegsszenen in seinen Skizzen und Zeichnungen fest. Seine Absicht war es, den Krieg realistisch darzustellen, damit dieser auch verstanden werde; die Menschen müssten sehen, wie es wirklich gewesen sei.

Und der expressionistische Dramatiker Ernst Toller (1893–1939) – auch er hatte sich zunächst begeistert in den Krieg gestürzt – schreibt in seiner Autobiografie von einem Erlebnis, das seine Wandlung herbeiführte:

Ich stehe im Graben, mit dem Pickel schürfe ich die Erde. Die stählerne Spitze bleibt hängen, ich zerre und ziehe sie mit einem Ruck heraus. An ihr hängt ein schleimiger Knoten, und wie ich mich beuge, sehe ich, es ist menschliches Gedärm. Ein toter Mensch ist hier begraben. […] Und plötzlich, als teile sich die Finsternis vom Licht, das Wort vom Sinn, erfasse ich die einfache Wahrheit […]. Alle diese Toten sind Menschen, alle diese Toten haben geatmet wie ich, alle diese Toten hatten einen Vater, eine Mutter, Frauen, die sie liebten. […] In dieser Stunde weiß ich, dass ich blind war, weil ich mich geblendet hatte, in dieser Stunde weiß ich endlich, dass alle diese Toten, Franzosen und Deutsche, Brüder waren, und dass ich ihr Bruder bin.

MENSCH, WERDE WESENTLICH! – DER „NEUE MENSCH"

Zur Vielgestaltigkeit des Expressionismus gehört, dass er nicht nur zersetzte, zynisch analysierte oder visionär-apokalyptisch prophezeite. Einige seiner Vertreter wollten vielmehr in einer Art „messianischem Expressionismus" die Welt verbessern. Ihr Ziel war die Verbrüderung der Menschheit, die beispielsweise schon in Titeln von Franz Werfels Gedichtsammlungen zum Ausdruck kommt: *Wir sind* (1913) und *Einander* (1915). Viele der heute relativ unbekannten Gedichte, beispielsweise von Ernst Wilhelm Lotz (1890–1914), Iwan Goll (1891–1950), René Schickele (1883–1940), Theodor Däubler (1876–1934) oder Walter Hasenclever* kreisen um Themen wie Brüderlichkeit und Gemeinschaft aller Menschen. Sie „posaunten [...] in ihren Gesängen Menschlichkeit, Güte, Gerechtigkeit, Kameradschaft, Menschenliebe aller zu allen" – so Kurt Pinthus im Vorwort zu seiner Anthologie *Menschheitsdämmerung** (S. 28). Wie wichtig dies damals war, zeigt allein schon die Tatsache, dass Franz Werfel und Walter Hasenclever mit den weitaus meisten Gedichten in Pinthus' Sammlung vertreten sind.

* vgl. S. 18

* vgl. S. 10

Franz Werfel (geb. 1890) entstammte einer begüterten Prager Kaufmannsfamilie. Schon seine erste Gedichtsammlung (sie trägt den programmatischen Titel *Der Weltfreund*) erregte solches Aufsehen, dass ihm ein Leipziger Verlag eine Lektoratstätigkeit anbot, die Werfel auch drei Jahre ausübte. Eine Zeit lang gehörte er zum „Prager Kreis" um Max Brod und Franz Kafka. Nach dem Ersten Weltkrieg lebte er in Wien, und 1938, beim Einrücken von Hitlers Truppen in Österreich, gelang ihm eine abenteuerliche Flucht über Frankreich in die USA. Im Jahr 1945 starb er in Beverly Hills an einem Herzschlag.
Werfel wurde zwar durch seine Lyrik schnell bekannt, aber als die Epoche des Expressionismus vorüber war, verloren seine Gedichte schnell an Popularität. Anders verhält es sich mit seinen Prosatexten und seinem dramatischen Werk. Seine Romane *Der Abituriententag* (1928), *Das Lied von Bernadette* (1941) und *Der Stern der Ungeborenen* (1946) sowie die Komödie *Jakobowsky und der Oberst* (1944) waren überaus erfolgreich.

L. Meidner: Franz Werfel

Franz Werfel

Der gute Mensch

Sein ist die Kraft, das Regiment der Sterne,
Er hält die Welt wie eine Nuss in Fäusten,
Unsterblich schlingt sich Lachen um sein Antlitz,
Krieg ist sein Wesen und Triumph sein Schritt.

Und wo er ist und seine Hände breitet,
Und wo sein Ruf tyrannisch niederdonnert,
Zerbricht das Ungerechte aller Schöpfung,
Und alle Dinge werden Gott und eins.

Unüberwindlich sind des Guten Tränen,
Baustoff der Welt und Wasser der Gebilde.
Wo seine guten Tränen niedersinken,
Verzehrt sich jede Form und kommt zu sich.

Gar keine Wut ist seiner zu vergleichen.
Er steht im Scheiterhaufen seines Lebens,
Und ihm zu Füßen ringelt sich verloren
Der Teufel, ein zertretner Feuerwurm.

Und fährt er hin, dann bleiben ihm zur Seite
Zwei Engel, die das Haupt in Sphären tauchen,
Und brüllen jubelnd unter Gold und Feuer
Und schlagen donnernd ihre Schilde an.

1. Wie würden Sie dieses Gedicht vortragen? – Probieren Sie mehrere Versionen aus.

Das Bild vom Menschen im Wandel der Zeit – ein Gedichtvergleich von:
J. W. Goethe, Das Göttliche
F. Werfel, Der gute Mensch
B. Brecht, Was nützt die Güte

Ernst Stadler

Ernst Stadler wurde am 11.8.1883 in Colmar als Sohn eines Staatsanwalts geboren. Er studierte in Straßburg und Oxford Germanistik und Vergleichende Literaturwissenschaft und arbeitete von 1910 an als Professor in Brüssel. Ende 1913 erschien sein Gedichtband *Der Aufbruch*. 1914 sollte er eine Professur in Toronto übernehmen, was jedoch der Ausbruch des Krieges verhinderte. Als gebürtiger Elsässer war der Kosmopolit immer um Versöhnung zwischen den Nationen bemüht. Am 30. Oktober desselben Jahres fiel er bei Ypern.
Der Gedichtband *Der Aufbruch* bezeichnet schon in seinem Titel Stadlers Anliegen: Thema vieler seiner Langzeilengedichte ist die Sehnsucht nach Entgrenzung, nach Hingabe an die Totalität des Lebens. In seiner Vorlesung *Geschichte der deutschen Lyrik der neuesten Zeit* von 1914 heißt es programmatisch:

Der Begriff des Lebens erhält eine nie geahnte Wichtigkeit. Er muss bei einer tief religiös gearteten Natur wie der Nietzsches alles das vertreten, was an erhaltenden, bleibenden Gefühls-Werten der Welt durch den Verlust des positiven Gottesglaubens abhanden gekommen war. So rückt die Apotheose* des Lebens an die Stelle des metaphysischen Glaubens. Bei Nietzsche zuerst findet sich eine Verherrlichung des Lebens, die nachher und bis zum heutigen Tag immer stärker in der Dichtung aller Länder wiederkehrt.

* Verherrlichung; Erhebung eines Menschen zum Gott

Gerade diese Zeilen Stadlers verdeutlichen, was mit dem oben verwendeten Begriff des „messianischen Expressionismus" gemeint ist: Es geht dabei nicht um eine Heilserwartung im christlichen Sinne, sondern der Mensch selbst soll die Welt umgestalten und verbessern – und zwar in diesem Fall ohne sie zunächst zu zerstören, wie dies ansatzweise in einigen Texten Heyms gefordert wird. Mitmenschliche Solidarität heißt die Devise, und allzu oft wird sie mit so viel Pathos eingefordert, dass die entsprechenden Gedichte heute kitschig wirken.

Zufall und Wesen

Mensch / werde wesentlich! denn wann die Welt vergeht /
So fällt der Zufall weg / das Wesen / das besteht.

Angelus Silesius

Ganz anders dagegen der folgende Text von Ernst Stadler aus dem Jahr 1914. Er geht zurück auf ein Epigramm des Barock-Dichters Johannes Scheffler (Pseudonym: Angelus Silesius) aus einer Sammlung mit dem Titel *Der cherubinische Wandersmann* (1675). Dieser Zusammenhang ist insofern wichtig, als er das Zusammenspiel religiöser und ganz persönlicher Komponenten beleuchtet. Für Stadler bedeutete die Lektüre des Sinnspruchs tatsächlich eine existenzielle Wende in seinem Leben.

Ernst Stadler

Der Spruch

In einem alten Buche stieß ich auf ein Wort,
Das traf mich wie ein Schlag und brennt durch meine Tage fort:
Und wenn ich mich an trübe Lust vergebe,
Schein, Lug und Spiel zu mir anstatt des Wesens hebe,
Wenn ich gefällig mich mit raschem Sinn belüge,
Als wäre Dunkles klar, als wenn nicht Leben tausend wild verschlossne Tore trüge,
Und Worte wieder spreche, deren Weite nie ich ausgefühlt,
Und Dinge fasse, deren Sein mich niemals aufgewühlt,
Wenn mich willkommner Traum mit Sammethänden streicht
Und Tag und Wirklichkeit von mir entweicht,
Der Welt entfremdet, fremd dem tiefsten Ich,
Dann steht das Wort mir auf: Mensch, werde wesentlich!

1. Schlagen Sie nach, was ein Alexandriner ist, und prüfen Sie daraufhin die metrische Gestaltung und den formalen Aufbau des Gedichts.
2. Analysieren Sie das Gedicht inhaltlich und sprachlich.
3. Stellen Sie eine Beziehung her zwischen der Epoche des Barock einerseits und dem Expressionismus andererseits.

Ich komme aus dieser Nacht ...

Georg Kaiser wurde am 25. November 1878 in Magdeburg geboren. Nach der mittleren Reife an einer Klosterschule begann er eine Buchhandels- und später eine kaufmännische Lehre. Von 1898 bis 1901 arbeitete er in einem Büro der AEG in Buenos Aires, bis er auf Grund gesundheitlicher Probleme nach Deutschland zurückkehrte. Er gab den kaufmännischen Beruf auf und versuchte als freier Schriftsteller Fuß zu fassen. Das Vermögen seiner Frau ermöglichte ihm einen aufwendigen Lebensstil. Dem Kriegsausbruch 1914 stand er positiv gegenüber, wurde selbst jedoch wegen seines Gesundheitszustandes nicht eingezogen. 1918 wurde sein Vermögen konfisziert. Nach der nationalsozialistischen Machtergreifung erhielt Kaiser Publikations- und Aufführungsverbot. Am 10. Mai 1933 wurden auch seine Bücher verbrannt. Am 10. Juni 1938 entzog sich Kaiser der bevorstehenden Verhaftung, indem er nach Holland floh und von dort aus später in die Schweiz weiterfuhr, wo er bis zu seinem Tode am 6. Juni 1945 lebte.
Kleinbürgerkomödien und -tragikomödien machten Kaisers dramatisches Frühwerk aus. Das Stationendrama *Von morgens bis mitternachts,* das nur das Aneinanderreihen von Einzelszenen, von Stationen, kennt, und das Bühnenstück *Die Bürger von Calais* leiteten sein reiferes Werk ein. Besonders mit letzterem erlangte Georg Kaiser große Bühnenerfolge.

Georg Kaiser

DICHTUNG, BILDENDE KUNST UND WIRKLICHKEIT

Georg Kaiser schrieb im Vorkriegsjahr 1913 das Bühnenspiel *Die Bürger von Calais,* zu dem er von der berühmten Plastik Auguste Rodins, die zur Erinnerung an die Belagerung von Calais vor dem alten Rathaus aufgestellt ist, angeregt wurde. Jean Froissarts *Chroniques de France, d' Angleterre, d' Espagne, de Bretagne* lieferten den historischen Stoff. Der picardische Dichter Froissart (um 1337 bis nach 1404) schildert in dieser Chronik den Krieg zwischen dem englischen König Eduard III. und dem französischen König Philipp VI. Das Heer Eduards belagert seit August 1347 die stark befestigte Stadt Calais, um einen leicht zugänglichen Hafen in Frankreich zu gewinnen. Die Bürger von Calais halten ein Jahr lang der Belagerung stand, doch als die Lebensmittelvorräte erschöpft sind, bietet der Gouverneur der Stadt dem englischen König die Übergabe der Stadt an, wenn er nur das Leben der Bürger verschone. Eduard III. willigt unter folgender Bedingung ein, wie Froissart berichtet:

Die Straße von Dover

> Wenn sechs der angesehensten Bürger die Stadt verlassen, nackt, nur mit dem Hemd bekleidet und barhäuptig, den Strick um den Hals, die Schlüssel der Stadt und der Festung in der Hand, so werde ich […] die Bewohner in Gnade aufnehmen.

Froissart überliefert weiter, dass der Stadtrat sofort eine Entscheidung trifft und sechs Opferwillige entsendet.

Georg Kaiser weicht in zwei Punkten von der historischen Überlieferung ab: Es melden sich sieben statt sechs Opferwillige, von denen keiner bereit ist zurückzutreten, und die endgültige Entscheidung darüber, wem die Auslieferung erspart bleibt, wird auf den nächsten Morgen verschoben.

1. Überlegen Sie, warum Kaiser in diesen Punkten von der Vorlage abweicht und welchen dramatischen Stoff diese Situation bietet.
2. Entwerfen Sie mögliche Handlungsstränge mit einem guten bzw. unglücklichen Ausgang.

Georg Kaiser konfrontiert in seinem Drama die Räte der Stadt Calais sowie den Hauptmann des Königs von Frankreich mit der Bedingung des englischen Königs.

Folgende Hauptpersonen spielen in dem Stück:

* Bürgermeister

** Stadträte

Jean de Vienne, Erster der Gewählten Bürger *
Duguesclins, Hauptmann des Königs von Frankreich
Eustache de Saint-Pierre **
Jean d'Aire **
Der Dritte **
Der Vierte **
Der Fünfte **
Jacques de Wissant **
Pierre de Wissant **

Der Stoff wird in drei Akten bewältigt. Im ersten Akt werden der Sachverhalt der Belagerung und das englische Angebot dargestellt. Er beginnt mit folgender Regieanweisung:

Die offene Stadthalle. Ein roter Backsteinbau – mit breiten Stufen, die Sitzreihen sind, nach einer Plattform ansteigend, wo kurze, quadratische Säulenstümpfe das unsichtbare Dach tragen. Ein Vorbau, den eine Tür verschließt, teilt in der Mitte unten die Reihen. In den Stufen stehen die Gewählten Bürger – hagere Gestalten im Bausch überweiter Gewänder – abgekehrt und nach der Plattform aufschauend. Nur Eustache de Saint-Pierre, siebzigjährig, sitzt – vorn rechts – und blickt zu Boden.

Am Vorbau zwei Wachen, ihre Lanzen vor der Tür kreuzend. Eine helle Glocke läutet nah und rasch. – Das Brausen vieler Glocken in der Ferne.

An den äußeren Rand der Plattform gedrängt und in die Tiefe winkend und schreiend Bürgervolk. Der Lärm schwillt noch, neue Ankömmlinge stoßen eine Gasse: Jean de Vienne – Fünfziger – taucht auf. Eine zweite Woge von Menschen und Geschrei läuft herauf: Duguesclins – schwarz geharnischt – erscheint. Hinter ihm sein Fahnenträger. Jean de Vienne hat sich umgedreht und erwartet Duguesclins: Umtost tauschen sie brüderlichen Kuss.

Ein Offizier mit einem Trupp Soldaten ist oben gefolgt – hinter den vorgelegten Lanzen ist langsam die Menge verdrängt.

Die Plattform liegt leer. Der Lärm verringert sich – schweigt. Indessen beginnen Jean de Vienne und Duguesclins die Stufen hinabzusteigen. Die nun entstehende heftigste Bewegung wiederholt die Vorgänge auf der Plattform: Die Gewählten Bürger empfangen die beiden. Dann umarmen und küssen sie sich untereinander. Zwei Jünglinge – Jacques de Wissant und Pierre de Wissant – eilen über höhere Stufen und grüßen mit überschwenglicher Hingabe Jean d'Aire – einen hohen Siebziger.

Die helle Glocke hört auf, auch die fernen Glocken. Jean de Vienne steht ganz unten rechts, ihm gegenüber hat sich Duguesclins – das geschorene Haupt enthüllt – niedergelassen. Die Gewählten Bürger suchen ihre Plätze auf.

Der Fahnenträger – die große Fahne vor sich – auf dem Vorbau.

DER ENGLISCHE OFFIZIER: [...] Mit gerechter Strafe züchtigt der König von England den Trotz, der vor ihm die Stadt verschloss und das Schwert anfasste! – Das Schwert ist zerschlagen – nun ruft der König von England die Gewählten Bürger in die offene Halle der Stadt! – – Der König von England will Gnade üben. Um des Hafens willen, der von Calais in das Meer geöffnet ist – sollt ihr die Zerstörung mit der niedrigsten Buße abwenden: – – – Mit dem Grauen des neuen Tages sollen sechs der Gewählten Bürger aus dem Tor aufbrechen – barhäuptig und unbeschuht – mit dem Kittel des armen Sünders bekleidet und den Strick im Nacken! – – So will der König von England den Schlüssel annehmen! – Doch versäumen sich die sechs Bürger morgen um die kleinste Frist – so lässt der König von England in derselben Stunde den Sturm laufen und die Stadt in den Hafen stürzen!

3. Bauen Sie die Eingangssituation auf und stellen Sie in mehreren Gruppen Standbilder zu der Regieanweisung des ersten Aktes.
4. Schreiben Sie eine ausführliche Regieanweisung über die Reaktionen der Anwesenden auf die Ankündigung des englischen Offiziers.
5. Informieren Sie sich über den genauen geschichtlichen Hintergrund der Belagerung Calais'.

Die Forderung des englischen Königs stürzt den Bürgermeister und die Stadträte von Calais in tiefe Gewissensnöte:

JEAN DE VIENNE: Wir müssen suchen – mit allen Sinnen! [...] Was ist das Werk? [...] Das Meer rollt – es trifft nicht mehr. Die Brandung richtet sich hoch – sie fällt hin. Schiffe kommen – Schiffe fahren aus – was stört Ankunft und Abfahrt? – Das ist das Werk von unseren Schultern – auf die wir mit unseren Händen den Strick legen sollen! – Das ist unsere Tat – hinter der wir schreiten sollen – – als Missetäter! [...] Duguesclins tritt vor uns hin!

A. Rodin: Studie für Jean de Vienne

DUGUESCLINS: Das Spiel ging um die Stadt Calais. Das Spiel ist von einem anderen gewonnen. Calais ist verloren – Calais ist sein Gewinn. Er wägt ihn in der Hand – er gefällt ihm – er will ihn halten. Er spottet mit seinem Glück. [...] Das ist heute ein Tag seines lauten Gelächters! Mit dem andern Morgen sind Hand und Glück ihm vor die Füße gestürzt. Die Hand schlägt ihm das Schwert ab – den Gewinn frisst ihm das Feuer! [...] Wir sind vorbereitet. Kein Arm, der ohne Waffen blieb. Wir stehen auf den Mauern – bei den Toren – in den Straßen. Dann soll er durch sein Blut eindringen. Dann wirft der letzte Arm, den einer regt, den Funken aus. Die Flammen rütteln in den Häusern – die Wände schwanken und bersten – und mit stäubendem Fall sinkt die Stadt in ihren Hafen. Calais ist untergegangen – über seinen Raum treibt das Meer, das seine Beute vor jedem bewahrt!

JEAN DE VIENNE: Duguesclins – du siehst es: Unsere Arme sind nach dir ausgestreckt – nach einer Waffe. [...] Unsere Hände auf deine Hand – Duguesclins – unter deiner Hand das Schwert – so halten wir es mit dir! Das ist unser Beschluss.

EUSTACHE DE SAINT-PIERRE: Wir kommen von unserem Werke – an das wir unsere Kräfte hingegeben haben – wie an kein Werk. Die neue Bucht rundet sich – nun sollen Schiffe auf glückliche Fahrt hinausgleiten! [...] Das Werk gilt nicht – der Streit ist mehr! So seid ihr schuldig daran – so sühnt es nach eurer Verheißung.

DER VIERTE BÜRGER: Eustache de Saint-Pierre – sollen wir dem Willen des Königs von England gehorchen?

Eustache de Saint-Pierre: Heute sollen wir das Werk vollenden. Heute beschließen wir es mit dem letzten Eifer – der jeden Eifer lohnt. Das eine ist getan. Seht sie an uns – die Mühe, die unsere Glieder dorrte. Keine Stunde, die uns ausruhte – die Flut ruhte nicht! – Keine Last, die uns überwog – der Stein wälzte sich nicht. Unser Atem ächzte – unser gebogener Leib verdrängte das Meer – Woge nach Woge wich es – dem Meere haben wir es abgerungen. Es ist geschaffen! – – Es ist nicht genug. [...] Euer Werk wird eure tiefste Pflicht. Ihr müsst es schützen – mit allen Sinnen – mit allen Taten. [...]

Der dritte Bürger: Eustache de Saint-Pierre, sollen sich sechs von uns im Sande von Calais schänden lassen?

Jean d'Aire: Eustache de Saint-Pierre, sollen wir in dem Sand von Calais die Ehre Frankreichs auf diesem Gange zertreten?

Duguesclins: [...] Der König von England will die Stadt schonen – um des Hafens willen. Ist der Hafen dieses Handels wert – der mit der Ehre Frankreichs bezahlt wird?

Eustache de Saint-Pierre: [...] Wir suchen den Ruhm Frankreichs nicht. Wir suchten das Werk unserer Hände!– [...] Ihr wollt euer Werk zerstören – um diesen Ruhm, der aus der Stunde kommt und mit der Stunde versinkt? [...] Ein Fremder zögert vor der Stadt um dieses Hafens willen: – Ihr zögert nicht? [...] Heute wird euer Werk euer Frevel!

Jean d'Aire: Wir suchten den Ruhm nicht – nun rollt der Ruhm an unsere Füße! – Eustache de Saint-Pierre – sollen wir ihn nicht aufheben – und über uns streifen – als unser buntes Kleid?

Duguesclins: So wurde der Hafen von Calais tief ausgeworfen: – Ehre und Ruhm ertrinken in ihm – und euer Mut!

Eustache de Saint-Pierre: [...] Was fordert dieser Streit morgen noch von dir? Morgen fasst du das Schwert an – [...] Ist dieser Streit vor seinem Anfang nicht schon entschieden? [...] Wo ist der Mut, wenn sich der Wille von der Tat scheidet? [...] Was gilt diese Tat noch, wenn sie dich dumpf zwingt? – Wenn du heute alle Straßen um dich verschüttest – lobt dich morgen dein Weg? – Es kostet dich keinen Mut: Du musst ihn schreiten – dieser ist noch übrig! [...] Deine Tat wird feige – wie du sie heute begehrst! – Der Mut fällt von ihr ab und verdorrt schon am Boden. [...] Wo flammt morgen noch dein Mut? [...] Mit deinem Blute bist du heute tot vor deiner Tat – sollen wir nicht in unseren dünnen Gewändern bis an den hellen Morgen leben?

Duguesclins: Ich will den Mut, der mir das Schwert zwischen meine Hände schiebt, verlachen. Er ist klein und soll sich verstecken vor einem hier, der seine graue Schande über sich streift und am hellen Morgen aus der Stadt trägt. Das ist ein stärkerer Mut!

Jean d'Aire: Eustache de Saint-Pierre, dir ist es leid um den Hafen. Soll dich nicht am meisten die Sorge peinigen? Bist du nicht reich vor uns allen? Sind deine Speicher nicht die weitesten – sind sie nicht angefüllt mit ihren Gütern bis unter das Dach? [...]

Ein Bürger: Jean de Vienne, du sollst hier vor uns treten. Du sollst mit deiner Frage suchen. Sie soll unter der Halle schallen. Sie soll nach einem von uns rufen. Einmal soll sie dröhnen – einmal soll sie lästern!

Jean de Vienne: Der König von England hat Gewalt über Calais. Er tut mit Calais nach seinem Willen. Nun fordert er dies: [...] Sechs sollen am frühen Morgen von der Stadt aufbrechen – und sechs sollen sich im Sande vor Calais überliefern – sechsmal schnürt sich die Schlinge – : Das wird die Buße, die Calais und seinen Hafen heil bewahrt! – Sechsmal soll hier die Frage aufgerufen – sechsmal muss die Antwort gegeben werden! – Wo sitzen sechs – die aufstehen – und von ihren Sitzen gehen – und hier zueinander treten? –

Eustache de Saint-Pierre: – Ich bin bereit!

6. Lesen Sie den Text leise mit verteilten Rollen, während sich die anderen Schülerinnen und Schüler mit eigenen Bemerkungen in das Gespräch einmischen.
7. Stellen Sie die Argumente einander gegenüber und beziehen Sie Stellung.

Eustache de Saint-Pierre, der sich als Erster meldet. die Bedingung zu erfüllen, folgen noch weitere sechs Bürger, zuletzt und gleichzeitig die beiden Brüder Wissant. Deshalb soll am Nachmittag auf Eustaches Geheiß das Los unter ihnen entscheiden, welcher Bürger nicht den Opfergang antreten muss.

Studie für Pierre de Wissant

Die Bürger von Calais (Detail)

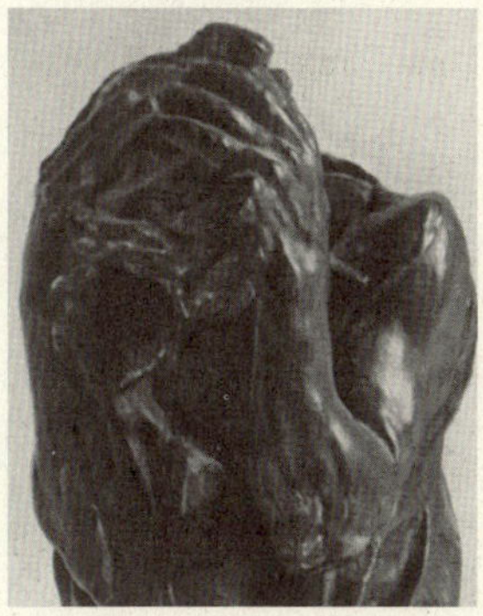
Die Bürger von Calais (Detail)

1. Beschreiben Sie Kopfhaltung und Mimik der Opferwilligen.
2. Formulieren Sie, was den Personen durch den Kopf gehen könnte.

Der 2. Akt dramatisiert die Stunde der Entscheidung. Er zeigt zunächst den Abschied der freiwilligen Opfer von ihren Angehörigen. Dann treffen sich die sieben Bürger zum letzten Mahl, das im Saal des Stadthauses stattfindet, während das erregte Volk im Hintergrund darauf wartet, dass derjenige der Gewählten Bürger herauskommt, dem der Opfergang erspart bleibt. In dieser Mahlszene werden die Ängste und Erwartungen, Pläne und Hoffnungen der Einzelnen vorgestellt. Durch diese Ungewissheit entsteht ein Schwebezustand, den Eustache de Saint-Pierre nutzt, um die Bürger in ihrer Entschlusskraft zu stärken.

Der nun sichtbare Saal hat bedeutende Tiefe. Hohe Wandflächen und Deckenbezirk belädt die Schmückung aus Erzen und Gestein der Länder des Erdballs und glitzernden Muscheln des Meeres. Eine Tafel – näher der Schwelle – steht zu einem Mahl gerüstet: sieben silberne Becher, Teller. Mitten unter blauem Tuch eine Schüssel. Zwei ernste Bucklige – Diener – haben den Bildteppich ganz zurückgestreift und gehen von den Ecken vorn nach einer Tür links unten.

Hinter der Längsseite der Tafel sitzen: Eustache de Saint-Pierre in der Mitte, links weiter der Fünfte Bürger und der Vierte Bürger – ein Sitz ist hier frei; rechts der Dritte Bürger und Jean d'Aire; vor dieser Querseite ist ein leerer Sitz.

EUSTACHE DE SAINT-PIERRE *Jacques de Wissant nach links weisend. [...] Zu Pierre de Wissant:* Du sollst der Letzte am anderen Ende der Tafel sein. [...]

Kaisers Absicht mit dieser Szene des letzten Mahles wird deutlich, wenn man seine Regieanweisungen mit einem berühmten Gemälde Leonardo da Vincis vergleicht:

Leonardo da Vinci:
Das Abendmahl
(1495–97; Ausschnitt)

3. Vergleichen Sie da Vincis Gemälde mit der Regieanweisung Kaisers.
4. Welche Absicht verfolgt der Autor mit dieser Szene?
5. Inszenieren Sie diese Szene.

EUSTACHE *zieht die verhängte Schüssel zu sich*: Die blaue Kugel ist kalt auf der Hand – und erkältet das Leben. Wem rollt sie – wem rollt sie nicht? Nun bin ich mit euch begierig! – Jacques de Wissant – Pierre de Wissant, ihr stelltet das Spiel an – so leitet es ein. Diesmal soll euch die erste Kugel trennen, mit der ihr den Ausgang nicht wieder verwirrt! –

Aus der verdeckten Schale zieht einer nach dem anderen eine Todeskugel. Keiner der Bürger zieht das Freilos.

JEAN D'AIRE: Eustache de Saint-Pierre, haben die dummen Krüppel die Schüssel gemengt?
EUSTACHE: Ich weiß es. Ich habe euch dieselben Kugeln gereicht! [...] Verwundert euch das? Findet ihr noch nicht den Schlüssel? [...] So muss einer von uns führen – ich bringe euch aus dem Wirbel und ans Ende! –

Zur großen Verwunderung aller befinden sich in der Schüssel nur blaue Kugeln. Eustache de Saint-Pierre will die Entscheidung noch hinauszögern, weil sich seiner Auffassung nach die Einzelnen in ihrer Entscheidung zu sehr von eitlen Motiven leiten ließen. So soll nun derjenige frei sein, der am nächsten Morgen als Letzter am Marktplatz erscheint. Die Dehnung der Auswahlzeremonien bis zum nächsten Morgen schafft Gelegenheit, jene sieben die volle Schwere und Unbedingtheit ihres Entschlusses durchkosten zu lassen. Die dramatische Spannung besteht darin, dass seit der unerwarteten Meldung des Siebten jeder Einzelne hofft oder fürchtet, derjenige zu sein, dem das Opfer erlassen wird.

6. Wählen Sie einen der sieben Bürger aus, versetzen Sie sich in seine Lage und schreiben Sie seinen letzten Brief an eine ihm nahe stehende Person.

A. Rodin: Studie zu den *Bürgern von Calais* (1884)

OPFERWILLE ODER HELDENPOSE?

In immer neuen Anläufen spielt Kaiser auf die Auswahl des Siebenten zum Leben hin, und bis ins letzte Drittel des letzten Aktes hinein versteht er es, die Wahl gerade dann abzufangen, wenn die Erwartung im Zuschauerraum und auf der Bühne selbst den Gipfel erreicht hat. Er rückt in den Mittelpunkt nicht die Rettungsaktion, sondern die innere Läuterung dieser Bürger.
Der dritte Akt ist bestimmt durch die Ankunft der Opferwilligen, die nach und nach auf dem Marktplatz eintreffen. Viele Bürger erwarten sie mit großer Spannung.

JEAN DE VIENNE: Nun sind sie aufgebrochen – nun ist ein Gehen in den Straßen, wie noch keins in ihnen erschütterte! [...] Wir wollen dem Ersten am Ende seines Weges entgegentreten. Kennen wir nicht den, den Eustache de Saint-Pierre schreitet?
DER FÜNFTE BÜRGER *kommt von links.* [...]
DER DRITTE BÜRGER *erreicht ohne Aufenthalt den Fünften Bürger.* [...]
JEAN DE VIENNE: Eustache de Saint-Pierre – ! – Wer will die Hast oder die Weile eines ausmessen, der zu diesem Gang aufbricht? [...] Ich schäme mich, ihm entgegenzutreten, wenn er nach diesen kommt. Wir wollen vor Eustache de Saint-Pierre beiseite stehen!
JEAN D'AIRE *tritt aus der Gasse rechts [...] und gelangt zur Mitte.* –
EIN ANDERER GEWÄHLTER BÜRGER: Eustache de Saint-Pierre ist es noch nicht!
EIN ANDERER GEWÄHLTER BÜRGER: Er ist der Älteste unter ihnen!

JEAN DE VIENNE: Ist er nicht gebrechlich vor ihnen [...]? Schlürfen seine Schritte nicht müde durch die Straße – führte ihn sein Gang nicht am Hause Eustache de Saint-Pierres vorüber?

VIELE GEWÄHLTE BÜRGER: Eustache de Saint-Pierre ist noch nicht aufgebrochen!

EIN ANDERER GEWÄHLTER BÜRGER: Zwei fehlen noch an sechs! [...] Einer von ihnen wird Eustache de Saint-Pierre sein!

EIN ANDERER GEWÄHLTER BÜRGER: Jean de Vienne, er will den Schlüssel von dir nehmen: Darum spart er mit seinen Kräften und will hier nicht lange stehen [...]!

JEAN DE VIENNE: Brechen Jacques de Wissant und Pierre de Wissant nicht von demselben Hause auf? [...] Ist der Ausgang nicht wie der Anfang [...]? [...] Eustache de Saint-Pierre [...] kommt nicht. – – [...]

Jacques de Wissant und Pierre de Wissant einander in enger Umschlingung verbunden kommen an. [...]

Die Bürger von Calais (Detail)

EIN GEWÄHLTER BÜRGER: Eustache de Saint-Pierre hat den äußersten Betrug gespielt! [...] Wer hat Speicher wie seiner über dem Hafen? Wer seine Güter hoch unter Firsten? Wer seine Frachten in vielen Lastschiffen? [...] Wusste er nicht – was nützt einer? [...] Sechs sind nötig – und wo sechs sich wagen, da übertreffen viele noch die Zahl. [...] Wie hielt er alle bis an den Nachmittag hin? [...] Täuschte er nicht dreist mit den Kugeln – [...]? Vermied er die Wahl nicht [...]?

EIN ANDERER GEWÄHLTER BÜRGER: Eustache de Saint-Pierre hat uns alle verraten!

EIN ANDERER GEWÄHLTER BÜRGER: Eustache de Saint-Pierre hat von allem Anfang an den Verrat gesucht!!

EIN ANDERER GEWÄHLTER BÜRGER: Eustache de Saint-Pierre soll allein büßen!

EIN ANDERER GEWÄHLTER BÜRGER: Wir binden Eustache de Saint-Pierre den Schlüssel auf den Rücken!

EIN ANDERER GEWÄHLTER BÜRGER: Eustache de Saint-Pierre soll den Schlüssel auf seinen Knien hinausschleppen!

EIN GEWÄHLTER BÜRGER: Eustache de Saint-Pierre soll auf dem offenen Marktplatz geschändet werden!

1. Stellen Sie die Stimmung der Bürger Eustache de Saint-Pierre gegenüber in einem Diagramm dar.
2. Übertragen Sie die obigen Äußerungen in heutiges Deutsch.
3. Stellen Sie szenisch die Haltung von Personen aus dem Volk dar, die die Ankunft Eustaches gespannt erwarten. Dabei soll ihre Einstellung Eustache gegenüber zum Ausdruck kommen.

DER „NEUE MENSCH" DES EXPRESSIONISMUS

Das Ausbleiben Eustache de Saint-Pierres ist Anlass zur Empörung. Man will ihn gerade holen, als der greise Vater Eustaches mit der Bahre, auf der sein toter Sohn liegt, eintrifft. Die aufgebrachte Menge verstummt.

[...] die beiden erdgebundenen Krüppel tragen eine Bahre, schwarz überhängt. In kleinem Abstand folgt der Vater Eustache de Saint-Pierres – ein hagerer überalterter Greis. [...]

DER VATER EUSTACHE DE SAINT-PIERRE: [...] ich habe den neuen Menschen gesehen – in dieser Nacht ist er geboren! – [...]

A. Rodin: Studie zu Eustache de Saint-Pierre

Eustache de Saint-Pierre führt innerhalb des Dramas gleichsam Regie, indem er nicht nur den Verteidigungswillen des Mannes der Tat, Duguesclins, überwindet, sondern auch den spontanen Handlungswillen der übrigen sechs Bürger zur dauernden und von jedem Egoismus befreiten Opferbereitschaft umwandelt.

Indem sich Eustache de Saint-Pierre am Ende selbst tötet und damit die Hoffnung eines jeden der bußfertigen Bürger, doch noch dem Schicksal der Übergabe der Stadt und dem Tod zu entgehen, entspricht er der selbstlosen Tat und Opferbereitschaft, deren Ethik das Stück vorstellt.
Eustaches Vater erscheint als blinder Seher, der den toten Eustache als „neuen Menschen" preist. Eustache de Saint-Pierre hat sich getötet, um die Größe und Notwendigkeit des Opfers zu zeigen, obwohl nur er es stellvertretend für alle an sich vollstreckt, da der englische König aus Freude darüber, dass ihm in dieser Nacht ein Sohn geboren wurde, kein Leben vernichten will und die Stadt freigibt. Eustache de Saint-Pierre verkörpert den „neuen Menschen".

Das Licht flutet auf dem Giebelfeld über der Tür: In seinem unteren Teil stellt sich eine Niederlegung dar; der schmale Körper des Gerichteten liegt schlaff auf den Tüchern – sechs stehen gebeugt an seinem Lager. – Der obere Teil zeigt die Erhebung des Getöteten: Er steht frei und beschwerdelos in der Luft – die Köpfe von sechs sind mit erstaunter Drehung nach ihm gewendet. […]

1. Schreiben Sie Ihre Assoziationen zu diesem Schlussbild nieder.
2. Gestalten Sie ein Standbild.

Die historische Überlieferung von den Bürgern von Calais dient Georg Kaiser als Modell, um an ihm das expressionistische Programm von Opferenthusiasmus und der Erneuerung des Menschen szenisch durchzuspielen. Die drei Akte des Dramas sind Variationen des Themas der Erneuerung, die am Schluss erreicht wird. Jede der drei Stufen der Handlung zeigt jeweils den Durchgang durch eine Phase innerhalb des Wandlungsprozesses und des Erlösungsvorgangs. Das Stück ist ein Gedankendrama. Es sieht von realen Ereignissen ab, die Belagerung bleibt nur Anlass, sie bestimmt nicht die Entfaltung des „neuen Menschen". Die Personen sind keine Charaktere, die ihre Sache vertreten und nun mit den verschiedensten Interessen kollidieren. Das Dramatische äußert sich in der Sprache, nicht durch die Handlung.
Jenen sechs Bürgern, deren Namen die Chronik nicht vollzählig überliefert, ist das Bühnenstück „ad aeternam memoriam" gewidmet, und diese Widmung drückt den nicht geringen Anspruch des Autors aus, mit seinem Stück der Opfertat überzeitlichen Ausdruck zu geben.
Der überraschende Erfolg des Stückes bezeugt seine Wirkung als „Zeitstück". Es greift Strömungen der Zeit voraus, zieht Lehren aus der vom Krieg bedrohten Krisensituation. Die Entstehung des Dramas fällt in eine Umbruchsituation, die beherrscht ist von der Diskrepanz zwischen politischer, wirtschaftlicher Krisenstimmung und gesellschaftlicher, existenzieller Katastrophenahnung.

A. Zorn: Auguste Rodin (1906)

AUGUSTE RODIN UND DIE BÜRGER VON CALAIS

Seit 1845 hatte die Stadt Calais mehrmals versucht, ihrem Helden Eustache de Saint-Pierre ein Denkmal zu setzen. Der Stadtrat von Calais forderte im September 1884 mehrere Künstler auf, einen Entwurf dieses Denkmals einzureichen. Auguste Rodin (1840–1917) reichte im Dezember 1884 einen ersten, im Juli 1885 einen zweiten Entwurf ein. Da Rodin der Ansicht war, das Denkmal würde nur mit der Darstellung aller sechs Bürger seine wahre Bedeutung erlangen, war er bereit, für die sechs Figuren nur den Preis von einer zu verlangen.
Nach eineinhalb Jahren stimmte der Stadtrat von Calais Rodins Vorschlag zu, äußerte jedoch Bedenken gegenüber den vorgelegten Entwürfen:

Wir haben uns unsere glorreichen Mitbürger ganz anders vorgestellt. Ihre zusammengebrochene Haltung verletzt unser religiöses Gefühl. […] Der Umriss und die Eleganz der Gruppe lassen zu wünschen übrig.

Rodin änderte daraufhin seinen ersten Entwurf ab, der die sechs Personen in einem einzigen Block darstellte.
Das Denkmal wurde am 3. Juni 1895 enthüllt, aber nicht an dem von Rodin ausgesuchten Platz; es wurde auch nicht in der von ihm angegebenen Weise errichtet, sondern auf einen, wie Rodin fand, „hässlichen und unnützen Sockel" gestellt.

Abbildung 1

Abbildung 2

Abbildung 3

Abbildung 4

1. Beschreiben Sie die einzelnen Figuren Rodins und ordnen Sie diese den Personen aus Kaisers Drama zu.
2. Das unten abgedruckte Schema stellt das Kompositionsprinzip dar. Beschreiben Sie es und bringen Sie die vier Abbildungen in eine sinnvolle Reihenfolge (beginnen Sie mit Abb. 1). Beachten Sie dabei, dass die Gruppe gerade im Begriff ist sich zu ordnen.

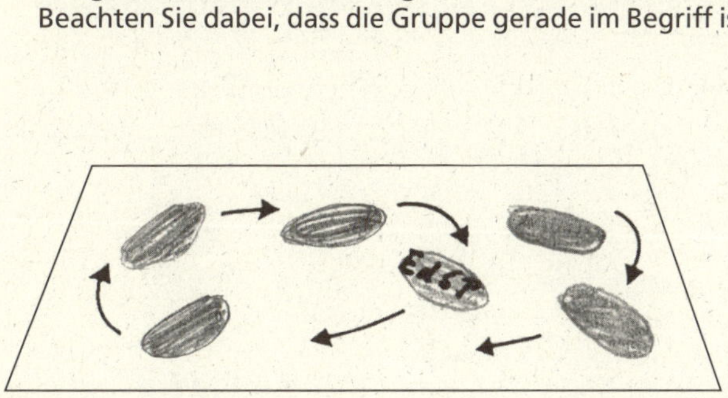

Komposition:
A. Rodin: *Die Bürger von Calais*
(EdSP: Eustache de Saint-Pierre)

Referieren Sie über Rodins Hauptwerke.

Sie sahen nicht. Sie schauten.

H. Matisse: Dame mit Hut (1905)

Die bildende Kunst des Expressionismus gibt es nicht. Sie ist genauso vielfältig und schillernd wie die Literatur dieser Epoche. Für beide gilt ein Wort des Dichters Ivan Goll, der den Expressionismus 1921 rückblickend „eine Gesinnung, von der alles im geistigen Bezirk epidemiehaft betroffen wurde", nannte.
So ist natürlich auch hinsichtlich der bildenden Kunst zu fragen, was denn diese „Gesinnung" ausmache, wenn sie schon in sich nicht einheitlich ist. Und auch hier ist, wie bei der Dichtung, die Antwort nicht eindeutig zu geben. Man kann auf zahlreiche gemeinsame Vorbilder der Maler dieser Epoche hinweisen, beispielsweise auf die „Fauves", die „Wilden", wie zu jener Zeit eine berühmte französische Gruppe nachimpressionistischer Maler um Henri Matisse genannt wurde:
Die „Fauves" brachen mit allen bis dahin gültigen Normen der Bildgestaltung: Durch die Verwendung von grellen, reinbunten Farben wurde bewusst die flächige Wirkung der Bilder angestrebt. Im Vordergrund stand die Bemühung die Farben in ihrem Eigenwert zur Geltung zu bringen; auf die Modellierung der Körper und auf deren anatomische Richtigkeit wurde verzichtet. Das Licht und – damit verbunden – die Farben rückten in den Mittelpunkt des Interesses. *Das* Skandalgemälde einer wegweisenden Ausstellung war das nebenstehende, hier in Grauwerten wiedergegebene Bild.
Einig sind sich die „Modernisten", wie die expressionistischen Künstler noch genannt wurden, auch in der Ablehnung des Impressionismus. Einer der wichtigsten Förderer expressionistischer Kunst und Literatur, der Berliner Herwarth Walden, sieht die Gemeinsamkeiten der Expressionisten darin, dass sie „einem eigenen Erlebnis Gestalt geben". Es gehe nicht mehr um Nachahmung der Natur, egal, in welcher künstlerischen Form, sondern der Maler male, „was er schaut in seinen innersten Sinnen, die Expression seines Wesens, alles Vergängliche ist ihm nur Gleichnis". Die Darstellung eines Gegenstandes muss demnach nicht mehr dem wirklichen Aussehen des Gegenstandes entsprechen, sondern gibt dessen Wirkung auf den darstellenden Maler wieder.
Kasimir Edschmid formuliert das Lebensgefühl der Expressionisten sehr prägnant:

Ihnen entfaltete sich das Gefühl maßlos.
Sie sahen nicht.
Sie schauten.
Sie photographierten nicht.
Sie hatten Gesichte.

Wenn man es überhaupt wagen wollte, den Beginn des Expressionismus – zumindest in der bildenden Kunst – zu datieren, würde man wohl das Jahr 1905 wählen, denn in diesem Jahr wurde in Dresden eine Gruppe gegründet, die den Fauves besonders nahe stand: *Die Brücke*.

1. Verleihen Sie der Grauwertdarstellung des Gemäldes von Matisse Farbe!
Zählen Sie die Farben bzw. Farbtöne, die Sie verwenden.
Wie viele mögen es wohl (einschließlich aller Schattierungen) bei Matisse sein?

EINE NEUE GENERATION DER SCHAFFENDEN – *DIE BRÜCKE*

Mit dem Glauben an Entwicklung, an eine neue Generation der Schaffenden wie der Genießenden rufen wir alle Jugend zusammen. Und als Jugend, die die Zukunft trägt, wollen wir uns Arm- und Lebensfreiheit verschaffen gegenüber den wohlangesessenen, älteren Kräften. Jeder gehört zu uns, der unmittelbar und unverfälscht wiedergibt, was ihn zum Schaffen drängt.

Diese Zeilen wurden im Jahre 1906 in Holz geschnitten und waren das Kernstück des Programms einer jungen Künstlergemeinschaft, die sich unter dem Vorsitz von Ernst Ludwig Kirchner im Jahr 1905 zusammengefunden hatte. Zu der Gruppe gehörten neben Kirchner als ihrem Kopf noch Karl Schmidt-Rottluff, Erich Heckel, Fritz Bleyl, Max Pechstein sowie später Emil Nolde und Otto Mueller nebst einigen weiteren. Das Programm der jungen Künstlervereinigung war natürlich gedacht als scharfer Bruch mit der als verlogen empfundenen wilhelminischen Gesellschaft. Wie auch die jungen Dichter empfanden die bildenden Künstler die Notwendigkeit einer Veränderung, allerdings ebenfalls mehr im künstlerischen, kulturellen Sinne als im gesellschaftlichen, denn auch sie verstanden sich nicht als Sozialkritiker. Ihr Bedürfnis war es vielmehr, zu einer Lebenshaltung zu finden, die es ihnen erlaubte, Kunst und Leben in Einklang zu bringen. Deshalb fühlten sich auch viele der Expressionisten als Bohemiens, als unkonventionelle, außerhalb der Gesellschaft stehende Künstler. Der Name *Die Brücke* stand sinnbildlich für ihr Programm; er stammt von Karl Schmidt-Rottluff, der an Emil Nolde folgende Zeilen schrieb:

E. L. Kirchner: Signet der Künstlergruppe *Die Brücke*

Eine von den Bestrebungen der Brücke ist, alle revolutionären und gärenden Elemente an sich zu ziehen, das besagt der Name Brücke.

Die „Brücke" sollte also eine Verbindung schlagen in eine neue Zukunft. Neben den bereits erwähnten „Fauves" waren vor allem Edvard Munch und, seines impulsiven Malstils wegen, Vincent van Gogh Vorbilder des völlig neuen Stils in Deutschland. Daneben hatte aber auch die „naive" Kunst der Südsee und Schwarzafrikas großen Einfluss auf die Maler der *Brücke*, denn es sollte ja gerade darum gehen, sich von den traditionellen Kunstformen und der akademischen Malerei zu befreien, und in der Tat waren bis auf Nolde alle Mitglieder der Gruppe Autodidakten (vier von ihnen waren Architekturstudenten). Dies erklärt auch zum Teil, warum die Gruppe kein Programm hatte, das sich konkret auf Malerei bezog. Das Ziel der Künst-

E. L. Kirchner: Eine Künstlergemeinschaft (*Die Brücke*: Müller, Kirchner, Heckel, Schmidt-Rottluff)

ler war es, zu einer völlig neuen Sehweise zu kommen, die geprägt war von den elementaren individuellen Gefühlen und Visionen. Der „Brücken"-Schlag sollte zu neuen Ufern führen.
Ernst Ludwig Kirchner beschreibt das so:

Das Geheimnis liegt nicht im momentanen Schaffen, es liegt im Sehen der Vorstellung, der Fantasie, darin, dass ein Mensch die Kraft hat, ein inneres Bild, das ihm sein Erleben gibt, sichtbar zu machen.

Mit der zunehmenden Individualisierung des Malstils der einzelnen Mitglieder der Gruppe kam es vermehrt zu Spannungen, und 1913 löste sich die Künstlergemeinschaft schließlich auf.

DIE DINGE REDEN ... – *DER BLAUE REITER*

Wir gehen aus von dem Gedanken, dass der Künstler außer den Eindrücken, die er von der äußeren Welt, der Natur erhält, fortwährend in einer inneren Welt Erlebnisse sammelt, und das Suchen nach künstlerischen Formen, welche die gegenseitige Durchdringung dieser sämtlichen Erlebnisse zum Ausdruck bringen sollen – nach Formen, die von allem Nebensächlichen befreit sein müssen, um nur das Notwendige stark zum Ausdruck zu bringen – kurz, das Streben nach künstlerischer Synthese, dies scheint uns eine Lösung, die gegenwärtig wieder immer mehr Künstler vereinigt.

Diese Sätze markieren das Programm der „Neuen Künstlervereinigung München", die 1909 gegründet wurde und aus der sich nach ihrer Spaltung im Jahr 1911 die weltberühmte Künstlergemeinschaft des *Blauen Reiters* rekrutierte. Gründungsmitglieder waren Franz Marc, Wassily Kandinsky und seine Lebensgefährtin Gabriele Münter, Alfred Kubin sowie Heinrich Campendonk. Hinzu kamen ein Jahr später Alexej von Jawlensky und mit diesem Marianne von Werefkin sowie Paul Klee, August Macke und Lyonel Feininger. Letztere allerdings waren mit der Gruppe eher freundschaftlich verbunden und stellten lediglich zusammen mit dem *Blauen Reiter* aus. *Der Blaue Reiter* wollte keine festgefügte Vereinigung mit richtiger Satzung sein, sondern einfach eine lose Gemeinschaft von Künstlern, denen die Idee der „Entkörperung" der Malerei gemeinsam war; nicht das Gegenständliche zählte, sondern die Botschaft des Gemäldes.
Der Name der Gruppe geht auf Marcs und Kandinskys hohen Anspruch an die Künstlervereinigung und deren Werke zurück, die auch – bei aller Innovation – an alte Traditionen anknüpfen wollten. Der „Reiter" steht sinnbildlich für das Vorwärtsdrängen, das Weiterkommen, und das Pferd war im Expressionismus ein auch in der Literatur gerne verwendetes Bild für jugendliches Ungestüm, für unverfälschte Natürlichkeit (vgl. z. B. das damals sehr bekannte Gedicht von Paul Boldt: *Junge Pferde*). Vor allem aber zeigte der *Blaue Reiter* von Beginn an eine geistige Nähe zum Kunstverständnis der Romantik, deren „blaue Blume" (aus Novalis' Roman *Heinrich von Ofterdingen*) die Vereinigung von Kunst und Natur, das Zentrum menschlichen Fühlens und Denkens darstellt. Sie ist das Sinnbild für das Allumfassende, für die der Welt innewohnende Schöpfungskraft und Poesie.

Das Erleben der „geheimen Seele" der sämtlichen Dinge, die wir mit unbewaffnetem Auge, im Mikroskop oder durch das Fernrohr sehen, nenne ich den „inneren Blick". Dieser Blick geht durch die harte Hülle, durch die äußere „Form" zum Inneren der Dinge hindurch und lässt uns das innere „Pulsieren" der Dinge mit unseren sämtlichen Sinnen aufnehmen. Und diese Aufnahme wird beim Künstler zum Keim seiner Werke. Unbewusst. So erzittert die „tote" Materie. Und noch mehr: Die inneren „Stimmen" der einzelnen Dinge klingen nicht isoliert, sondern alle zusammen – die „Sphärenmusik".

Diese Sätze stehen in Kandinskys *Essays über Kunst und Künstler*. Und Franz Marc schreibt:

Die Dinge reden: In den Dingen ist Wille und Form. Warum wollen wir dazwischensprechen? Wir haben nichts Kluges ihnen zu sagen. Haben wir nicht die tausendjährige Erfahrung, dass die Dinge umso stummer werden, je deutlicher wir ihnen den optischen Spiegel ihrer Erscheinung vorhalten? Der Schein ist ewig flach, aber zieht ihn fort, ganz fort, ganz aus eurem Geiste weg, – denkt euch fort samt eurem Weltbilde, – die Welt bleibt in ihrer wahren Form zurück und wir Künstler ahnen diese Form; ein Dämon gibt uns zwischen die Spalten der Welt zu sehen und in Träumen führt es uns hinter die bunte Bühne der Welt.

Marc und Kandinsky entwickelten geradezu Sendungsbewusstsein darin, mit ihrer neuen Kunst auch eine neue Lebensauffassung zu vermitteln – und zwar nicht durch einen provokativen Bruch mit den bisherigen Konventionen, wie die Maler der *Brücke*, sondern über eine neue Formgebung in der Kunst. Anders als Letztere wollten Marc und Kandinsky nicht durch besonders starke optische und farbliche Reize Wirkung ausüben, sondern sie wollten mittels abgestufter Farbigkeiten und geschmeidiger Linien etwas Meditatives, Geistiges vermitteln.

Der Blaue Reiter vertrat von Anfang an einen internationalen Anspruch, was nicht zuletzt darauf zurückzuführen war, dass wesentliche Einflüsse aus dem europäischen Ausland kamen, vor allem vom Kubismus und den italienischen Futuristen. So stellten auch im Jahr 1912 auf einer Epoche machenden Ausstellung zahlreiche Künstler verschiedener Richtungen aus (auch aus der *Brücke*). Sie war organisiert worden von Herwarth Walden, dem Herausgeber der Zeitschrift *Der Sturm* und Besitzer der gleichnamigen Galerie*. Walden gilt als eine der zentralen Persönlichkeiten des Expressionismus überhaupt, da er Künstlern wie Dichtern die Möglichkeit gab, sich der Öffentlichkeit zu präsentieren, und ihnen Publikum verschaffte. Eine der großen Entdeckungen der Ausstellung von 1912 war der französische Maler Robert Delaunay, der bis dahin in Deutschland völlig unbekannt gewesen war. Sein Stil hat einige der Expressionisten nachhaltig beeinflusst.

* vgl. S. 42 und 80

Große Aufmerksamkeit erregte auch der gleichfalls 1912 erscheinende Almanach *Der Blaue Reiter*. Schon 1911 hatte Kandinsky vorgehabt, zusammen mit Marc ein Jahrbuch mit Reproduktionen, Artikeln und Kritiken herauszugeben, in dem sich „das ganze Jahr spiegeln" sollte. Marc war sofort mit Feuereifer bei der Sache. Das Jahrbuch sollte – auch hier wieder eine Affinität zur Romantik – verschiedene Kunstgattungen, Strömungen und Zeiten vereinen. Neben der Kunst von Eingeborenen sollten sich Abbildungen und Berichte zu mittelalterlicher Kunst finden, und auch Musiker sollten zu Wort kommen, z. B. der Musiker und Maler Arnold Schönberg, der in dem Jahrbuch einen Artikel über Musik schreiben sollte (er hatte im Jahr 1908 zum ersten Mal den Übergang von der Tonalität zur freien Atonalität vollzogen).

W. Kandinsky: Titelsignet zum Almanach *Der Blaue Reiter*

Letztendlich konnte der Plan, einen jährlich erscheinenden „Almanach" zu schreiben, nicht realisiert werden. Was jedoch entstand, ist ein Epoche machendes Sammelwerk von Aufsätzen und Abbildungen verschiedenster Art, Herkunft und Entstehungszeit, deren verbindendes Element die Absicht ist, die „bisherigen Grenzen des künstlerischen Ausdrucksvermögens zu erweitern". Wenn man so will, könnte man das Werk als künstlerisches Pendant zu Pinthus' *Menschheitsdämmerung** ansehen.

* vgl. S. 12

Der Ausbruch des Ersten Weltkriegs ließ die Gruppe auseinander brechen. Kandinsky ging nach Russland, Jawlensky lebte mit Marianne von Werefkin in der Schweiz. Macke fiel 1914 im Alter von 27 Jahren, Marc 1916, sechsunddreißigjährig. Klee und Kandinsky arbeiteten später gemeinsam am Bauhaus in Weimar und gründeten 1924 zusammen mit Jawlensky und Feininger die Gruppe der *Blauen Vier*.

1. Vergleichen Sie die *Brücke* und den *Blauen Reite*r und erarbeiten Sie Gemeinsamkeiten und Unterschiede.
2. Was berechtigt dazu, den *Blauen Reit*er noch dem Expressionismus zuzurechnen, was spricht dagegen?

E

HERWARTH WALDENS GALERIE

Die expressionistische Bewegung beschränkt sich in der Kunst selbstverständlich nicht auf die beiden Richtungen der *Brücke* und des *Blauen Reiters*. Es sind noch zahlreiche weitere Maler zu nennen, deren Gemälde und grafisches Werk dem Expressionismus zugerechnet werden können. Wiederum ist es Herwarth Walden, der es vielen Künstlern der Epoche ermöglichte, in seiner Galerie auszustellen oder in seiner Zeitschrift *Der Sturm* literarische oder kunsttheoretische Texte zu veröffentlichen. Er betrieb auch eine eigene Kunstbuchhandlung. Besondere Förderung erfuhr Oskar Kokoschka, der Walden in einem berühmten Gemälde verewigte.

O. Kokoschka: Porträt Herwarth Walden (1910)

Neben dem *Sturm* ist als eine weitere einflussreiche Wochenzeitschrift der Epoche *Die Aktion* zu nennen. Franz Pfemfert, ihr Herausgeber, verstand sie als Organ für „freiheitliche Politik und Literatur" und als Bastion der Positionen expressionistischer Welterfahrung. Ihr Ziel war es, die Menschen wachzurütteln und zum Einsatz gegen den Krieg zu gewinnen.

Vorschlag für Gruppenreferate:

Strömungen der Kunst und Architektur nach dem Ersten Weltkrieg (z. B. Bauhaus, Dadaismus, Surrealismus)

Kunst und Künstler von 1905 bis 1930 im Internet

Diesem Ziel verschrieb sich vor allem auch der Maler Ludwig Meidner (1884–1966), der in zahlreichen Werken auf die drohende Apokalypse und den Zusammenhang zwischen dem Leben in der Großstadt und der drohenden Zerstörung des Menschen durch den Krieg hinweis.*

* vgl. S. 20 und 21

George Grosz (eigentlich Georg Ehrenfried Groß, 1893–1959) hatte zwar Kontakt zu führenden Vertretern der Epoche, kann jedoch nur bedingt und nur bis zum Ersten Weltkrieg als Expressionist bezeichnet werden, denn danach war sein Werk zu gesellschaftskritisch, um etwa dem Glauben an den „neuen Menschen" Raum zu geben. Dennoch vermittelt sein Werk, besonders die grafischen Arbeiten, ein lebhaftes, satirisch überzeichnetes Bild der Gesellschaft jener Zeit.*

* vgl. S. 23 und 52 ff.

Lyonel Feininger (1871–1956) war einer der wenigen Künstler der Epoche, die sich selbst als „Expressionisten" bezeichneten. Er war sowohl mit Vertretern der *Brücke* als auch des *Blauen Reiters* befreundet. Feininger strebte eine Synthese von Farbe, Form und Perspektive an.

U. Boccioni: Der Lärm der Straße dringt ins Haus (1912)

Der Futurismus kann in seinem Einfluss auf die Malerei der Epoche gar nicht hoch genug veranschlagt werden. Schauplatz dieser avantgardistischen Strömung war Paris, wo schon im Jahr 1909 Filippo Tommaso Marinetti sein berühmtes „Futuristisches Manifest" veröffentlicht hatte. Schon ein Jahr später erschien das „Technische Manifest der futuristischen Malerei" eines Kreises um die Maler Umberto Boccioni und Carlo Carrà. In diesem Manifest stehen nicht mehr Begriffe wie „Harmonie der Formen" o. Ä. im Mittelpunkt, sondern es geht um den „universellen Dynamismus". Die Malerei verliert ihren angestammten statischen Charakter, und die Bilder sollen nun die Dynamik des Alltags ausdrücken. Zu diesem Zweck wird die herkömmliche Vorstellung von Perspektive aufgelöst und der Betrachter „mitten ins Bild" gesetzt, wie es Boccioni ausdrückt. Er soll sich räumlich und zeitlich der Dynamik des dargestellten Themas hingeben und verschiedene Stadien eines Vorgangs gewissermaßen simultan erfahren – womit sich der Kreis zur Literatur wieder schließt.

DAS INNERLICH-WESENTLICHE

Im ersten Jahrzehnt des 20. Jahrhunderts vollzog sich ein Wandel in Literatur und bildender Kunst, den die Malerin Gabriele Münter mit den folgenden Worten umschrieb:

> Ich habe da nach einer kurzen Zeit der Qual einen großen Sprung gemacht – vom Naturabmalen […] zum Fühlen des Inhaltes, zum Abstrahieren – zum Geben eines Extraktes.

Ursache für diese Entwicklung war unter anderem die zunehmende Bedeutung der Kunst „primitiver" Naturvölker. Immer mehr Plastiken gelangten aus den Kolonien Afrikas und aus der Südsee nach Europa und fanden hier bei der künstlerischen und zivilisationskritischen Avantgarde großes Interesse. Hinzu kam um 1900 die Entdeckung zahlreicher prähistorischer Malereien in den Höhlen von Altamira, Niaux, Font de Gaume und anderen. Die Einfachheit dieser Malereien, die deren expressive Kraft noch verstärkte, beeindruckte die Künstler verschiedenster Richtungen, und Kandinsky z. B. bekannte ausdrücklich seine Nähe zu den „Primitiven":

> Ebenso wie wir suchten diese reinen Künstler nur das Innerlich-Wesentliche in ihren Werken zu bringen, wobei der Verzicht auf äußerliche Zufälligkeit von selbst entstand.

F. Marc: Der Turm der blauen Pferde (1913)

Höhlenmalerei aus der Grotte Chauvet (Ausschnitt)

1. Die oben stehende Abbildung ist eine Vorstudie zum *Turm der blauen Pferde*, einem der Hauptwerke Marcs. Marc verschickte sie als Postkarte an Else Lasker-Schüler*. Verfassen Sie Marcs Text dazu …
2. Versuchen Sie einige der Kompositionsprinzipien zu beschreiben.
3. Vergleichen Sie Marcs Gemälde von 1913 mit der über 17 000 Jahre alten Höhlenmalerei.
4. Erörtern Sie die Frage, was ein Kunstwerk ausmacht.

E

* vgl. S. 82 f.

Zur Entstehung des folgenden Bildes schreibt Wassily Kandinsky:

Es war die Stunde der einziehenden Dämmerung. Ich kam heim, noch verträumt und in die erledigte Arbeit vertieft, als ich plötzlich ein unbeschreiblich schönes Bild sah. Ich stutzte erst, dann ging ich schnell auf dieses rätselhafte Bild zu, auf dem ich nichts als Formen und Farben sah und das inhaltlich unverständlich war. Ich fand sofort den Schlüssel zu dem Rätsel. Es war ein von mir gemaltes Bild, das an die Wand angelehnt auf der Seite stand. […] Ich wusste jetzt, dass der Gegenstand meinen Bildern schadet.

W. Kandinsky: Erstes abstraktes Aquarell (1910)

A. Macke: Zoologischer Garten 1 (1912)

1. Welche Auffassung von Malerei kommt in den Worten Kandinskys zum Ausdruck? Erörtern Sie seinen Standpunkt, dass der Gegenstand einem Bild schade. Wenn Sie wollen, können Sie Mackes Bild in Ihre Argumentation einbeziehen.
2. Können Sie sich vorstellen, warum gerade zu jener Zeit die Abstraktion in der Malerei entstand?
3. Beschreiben Sie, wie Macke die Tiere darstellt und wie die Menschen.
4. Verfassen Sie zu Mackes Bild ein Gedicht oder eine Kurzgeschichte.

Auch die Malerei der *Brücke* verdankt vieles dem Einfluss der Kunst „primitiver" Völker. Auch hier ist ein zentrales Anliegen die Gestaltung aus der Intuition heraus – auf die Bedeutung der „Fauves", vor allem in der Person von Matisse, wurde schon hingewiesen.

E. L. Kirchner: Friedrichstraße, Berlin (1914)

E. Nolde: Kerzentänzerinnen (1912)

H. Matisse: Dame mit Hut (1905)

K. Schmidt-Rottluff: Lesende [Else Lasker-Schüler] (1912)

1. Beschreiben Sie, welche künstlerischen Ziele die jeweiligen Maler der Gemälde verfolgen.
2. Welche Entwicklung zeigt sich im Vergleich der hier dargestellten Frauenbilder?

Ein Vergleich der beiden folgenden Gemälde zeigt, dass Delaunays Malstil eher dem Futurismus verpflichtet ist, Feiningers Stil dagegen eher dem Kubismus:

R. Delaunay: Eiffelturm (1910)

L. Feininger: Gelmeroda III (1913)

Paul Klees „gemaltes Gedicht" macht deutlich, wie mannigfaltig im Expressionismus die Beziehungen zwischen Kunst und Literatur waren.

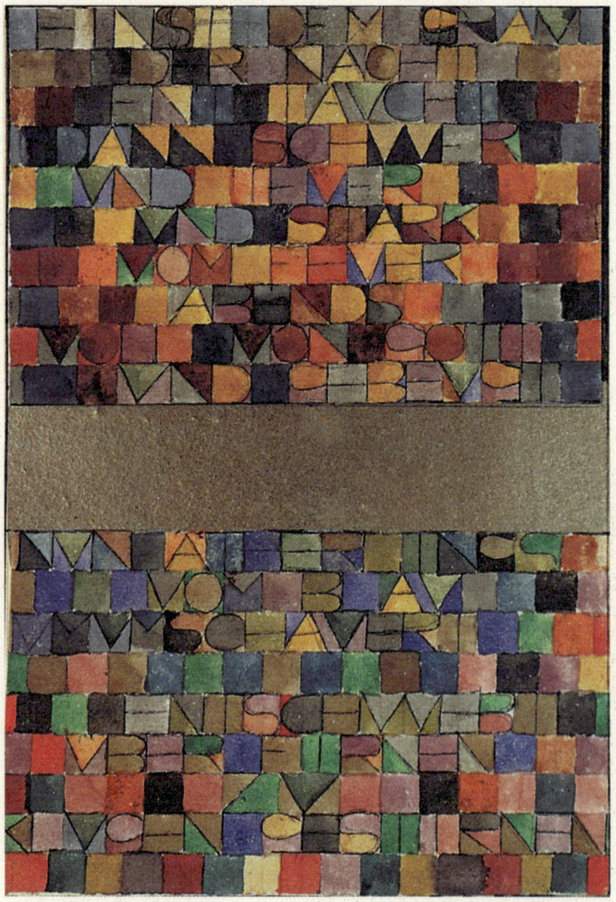

P. Klee: Einst dem Grau der Nacht enttaucht … (1918)

1. Beschreiben Sie die beiden Malstile von Delaunay und Feininger möglichst genau. Wie wirken die Gemälde auf Sie?
2. „Lesen" Sie Paul Klees Gemälde aufmerksam, schreiben Sie das Gedicht ab und suchen Sie einen Titel dafür.

…

Einst dem Grau der Nacht enttaucht

3. Welche Erklärung haben Sie für die Leerzeile?
4. Haben Sie nun Lust, selbst ein ähnliches Gedicht zu entwerfen?

STIMMEN ZU DEN BILDERN

Selbstverständlich sind Gemälde wie die auf den vorangehenden Seiten abgedruckten niemals ausdeutbar und wollen dies auch nicht sein. Sehr vieles kommt auf die subjektive Betrachtungsweise des Einzelnen an, und viele Bilder leben geradezu davon, beim Betrachter Assoziationen auszulösen, Eindrücke und Stimmungen zu vermitteln, nicht jedoch zu einer Deutung herauszufordern. Gleichwohl können einige Hinweise oft sehr fruchtbar sein und verhindern, dass vielleicht ein Meisterwerk kurzerhand als Kitsch o. Ä. abgetan wird, nur weil der Rezipient überhaupt nichts damit anfangen kann.
So sind die folgenden (z. T. verkürzten und veränderten) Sätze von Kunsthistorikern keinesfalls als Interpretationen gedacht – schon gar nicht im umfassenden Sinn –, sondern sollen lediglich als Hilfsmittel zum bewussteren Hinschauen dienen. Um dies zu betonen sind sie nicht direkt auf das Bild bezogen, zu dem sie geschrieben wurden, sondern werden neutral aneinander gereiht. Zu prüfen wäre, ob sie auf mehr als jeweils nur ein Gemälde passen …

① In dem berühmten Bild wendet sich der Maler der Legende und dem Mythos als „Urzuständen" der Menschheit zu. Die Farbe ist nicht mehr kompakt geschlossen, sondern überströmt unregelmäßig das Bild. Er suchte die Vergegenwärtigung elementarer Naturmächte, die „absolute Ursprünglichkeit, den intensiven, oft grotesken Ausdruck von Kraft und Leben in allereinfachster Form".

② Er löste die Gegenstände mehr oder weniger auf, damit sie nicht alle auf einmal erkannt werden können und damit also diese seelischen Mitklänge allmählich, der eine nach dem anderen vom Beschauer erlebt werden können. Die Präsenz des Gegenstands verflüchtigt sich jedoch nicht; was sie an abbildlicher Direktheit verliert, gewinnt sie an Suggestivität.

③ Das Werk behandelt in einzigartiger formaler Vollendung das Thema von Zerstörung und Neubeginn und führt auch inhaltlich das Werk des Künstlers zum Höhepunkt. Nicht zuletzt durch die Farbe, die jeder stofflichen Beschreibung entbunden ist, hat er seine Komposition zur äußeren und inneren Vollkommenheit geführt. Das Untrennbare von Natur und Kosmos, die Sehnsucht des Menschen nach dem Unendlichen, nach Gott, wird durch das Auftauchen der Mondsichel und der Sterne in Form von sich kreuzenden Linien zum Ausdruck gebracht.

④ Das Bild entfachte unter den Kritikern einen Sturm der Entrüstung. Der hymnische Überschwang der Farbe und der rigorose Bruch mit allen traditionellen Regeln der Bildgestaltung stießen auf Ablehnung. Und die Farbe, rein, ungebrochen, in grellen Tönen und harten Kontrasten nebeneinander gesetzt, übersprang damals die Grenzen des Herkömmlichen.

⑤ Weit davon entfernt, eine sozialkritische oder moralisierende Komponente auszudrücken, geht es dem Maler eher um einen Zustandsbericht der zeitgenössischen Gesellschaft. In ihrer marionettenhaften Starre und Blutleere, mit ihrem maskenartig starren Gesicht sind alle Figuren Täter und Opfer gleichermaßen. Die Beziehungslosigkeit und Fremdheit der Menschen untereinander steht für beides, den allgemeinen Zustand der Welt und die ganz subjektive Situation des Künstlers, der einmal sagte: „Schwerer als alles andere lastet der Druck des Krieges und die überhand nehmende Oberflächlichkeit. Ich habe immer den Eindruck des blutigen Karnevals. Man fühlt, dass die Entscheidung in der Luft liegt, und alles geht drunter und drüber."

1. Ordnen Sie die Aussagen je einem der Gemälde auf den Seiten 43–46 zu und begründen Sie Ihre Auffassung.
2. Vorschlag für ein kleines Projekt: Wählen Sie aus Kunstbänden oder dem Internet jeweils ein Gemälde eines der in diesem Kapitel genannten Maler aus und stellen Sie es vor.

ICH FÜHLE LUFT VON ANDEREN PLANETEN – DER WEG IN DIE ABSTRAKTION

„Ich fühle luft von anderen planeten“: Diese Zeile aus dem Gedicht *Entrückung* von Stefan George aus dem *Siebenten Ring*, erschienen 1907, schrieb Musikgeschichte: Es handelt sich dabei um den Text des Sopransolos aus dem 4. Satz des 2. Streichquartetts, op. 10,2, von Arnold Schönberg, uraufgeführt am 21. 12. 1908.
Zum ersten Mal wurde in diesem Stück das tonale System verlassen, das jahrhundertelang das ästhetische Empfinden der Komponisten und der Hörer bestimmt hatte und das uns heute noch als Naturprinzip erscheint. Ein epochaler Bruch mit der Tradition war vollzogen, den der Musikwissenschaftler C. Dahlhaus folgendermaßen kommentiert:

> Tradition ist das, was sich von selbst versteht, also unreflektiert bleibt, solange es herrscht. Sie kommt erst zum Bewusstsein ihrer selbst, wenn sie brüchig und Zweifeln ausgesetzt ist. Und eine mit angestrengtem Selbstbewusstsein bewahrte Tradition gibt sich gerade dadurch preis, dass sie sich verteidigt.

Das tonale System war um die Jahrhundertwende an seinen Grenzen angelangt – die Komponisten, die auf dem vermeintlich sicheren Terrain des „autonomen Kunstwerks“ verblieben, verschoben sie bis zur Unkenntlichkeit und lösten sie letztlich auf. Die Bindung der Töne an einen gemeinsamen Grundton (und somit an eine Tonart) in Melodie und Harmonik wurde immer loser. Gültige Maßstäbe fehlten in der Funktionsharmonik wie auch in der Form. Nun „zwangen“ sich die Künstler zu einer nie gekannten Freiheit. Komponisten wie Mahler, Strauss und auch noch Schönberg selbst in seiner frühen Phase hatten bis dahin mit überlebtem Material gearbeitet und die Klanglichkeit der großen Orchester in nicht mehr zu überbietendem Maße übersteigert um ihrer Tonsprache das nötige Pathos mitzugeben.

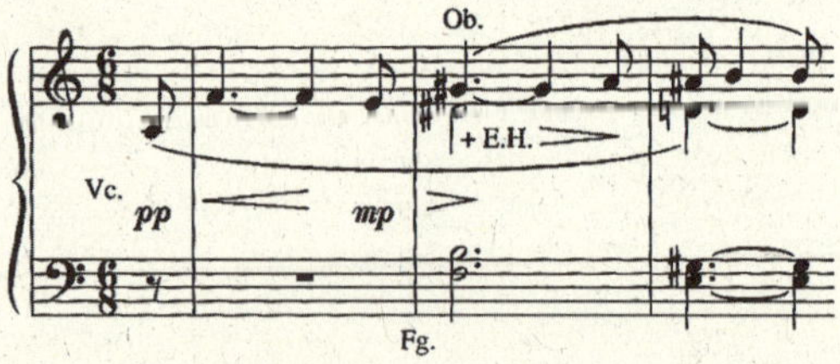

Notenbeispiel: das eröffnende Motiv der Oper „Tristan und Isolde“ von Richard Wagner, „Tristanakkord“

Nun jedoch werden, wie das nebenstehende Notenbeispiel zeigt, Leittöne nicht mehr aufgelöst, sondern in chromatische Spannungen geführt, die neue Dissonanzen aufweisen. Die harmonische Folge bleibt im tonalen Rahmen, ist aber vieldeutig bis zur Unkenntlichkeit.

Musik und Malerei des Expressionismus haben von ihrer Entwicklung her sehr vieles gemein. Schönberg und Kandinsky beschritten im Grunde den gleichen Weg: Er führte sie von der Konkretisation zur Abstraktion; dem „gegenstandslosen“ Bild Kandinskys entsprachen die tonartfreien – atonalen – Werke Schönbergs. Aus der konventionellen Kunst kommend, entwickelten die beiden eine völlig neue Theorie der jeweiligen Disziplin, für die sie dann, in einem weiteren Schritt, neue Ordnungen schufen, die in den zwanziger Jahren endgültig mit jahrhundertealten Prinzipien der Tonalität und des Gegenstandes brachen. Die Werke der beiden eröffneten dem 20. Jahrhundert maßgebende Entwicklungslinien in der Malerei und in der Musik. Erstaunlich parallel vollzog sich auch die Entwicklung beider Künstler: Schönbergs theoretischem Hauptwerk *Harmonielehre* (1911) stand fast gleichzeitig Kandinskys theoretisches Hauptwerk *Über das Geistige in der Kunst* gegenüber. Und schließlich verband beide Künstler eine lange Freundschaft, die sich in intensiven Briefwechseln mit vielerlei gegenseitigen Anregungen und gemeinsamen theoretischen Arbeiten niederschlug.
Franz Marc sagt über die Gemeinsamkeiten Kandinskys und Schönbergs in einem Brief vom 14.1.1911 an seinen Künstlerkollegen August Macke Folgendes:

> Kannst du dir eine Musik denken, in der die Tonalität (also das Einhalten irgendeiner Tonart) völlig aufgehoben ist? Ich musste stets an Kandinskys „springende Flecken“ beim Anhören dieser Musik denken, die jeden angeschlagenen Ton für sich stehen lässt (eine Art weißer Leinwand zwischen den Farbflecken!). Schönberg geht von dem Prinzip aus, dass die Begriffe Konsonanz und Dissonanz überhaupt nicht existieren. Eine so genannte Dissonanz ist nur eine weiter auseinander liegende Konsonanz.

Musik und Malerei kommen einander in ihrer Entwicklung immer näher – eine schon seit der Romantik beobachtbare Tendenz.
Entspricht nicht die Auflösung des abgebildeten Gegenstandes der Auflösung der Tonalität? Die Emanzipation der Farben und Formen, ihre Kollisionen und Disproportionen nicht der Emanzipation der Dissonanz? Und entspricht nicht beides wohl der etwa gleichzeitig beginnenden Auflösung der Grammatik und Syntax in der Literatur? Kandinsky wie Schönberg waren alles in Frage stellende und konsequent zu Ende denkende Theoretiker und Schöpfer. Beide verharrten lange Zeit in der Auflehnung gegen die Tradition – in der Verneinung. An die Stelle der zerstörten alten Werte setzten sie kein sogleich kenntliches neues System. Im freien Fall der expressionistischen Zeit waren ihre Werke von unbestrittenem Rang, aber irritierend subjektiv und anarchistisch. Das Werk (in der Malerei wie in der Musik) ist nicht mehr der Nachahmung verhaftet, sondern verweist nur auf sich selbst, ohne die Erwartungen des Hörers bzw. des Beobachters einzulösen.

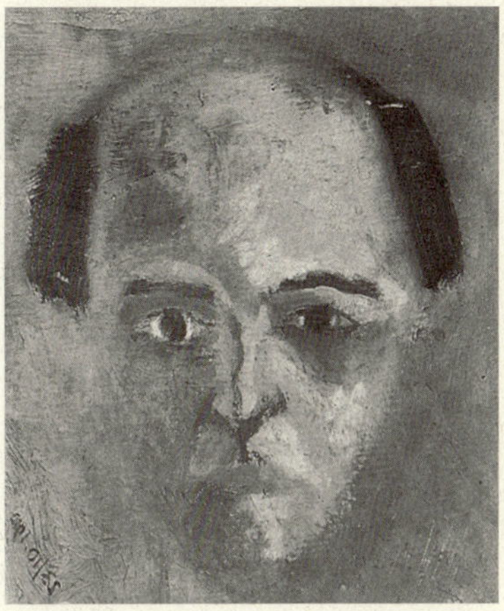
A. Schönberg: Grünes Selbstporträt (1910)

Die Methode der Zwölftontechnik legt dem Werk nur eine einzige Grundgestalt zugrunde (nicht mehr das Dur-Moll System!), die in zwei Regeln zu fassen ist:
1. Alle zwölf Töne der chromatischen Skala sind gleichberechtigt aufeinander (und nicht auf eine Haupttonart!) bezogen. Alle melodischen Fortschreitungen wie auch alle Zusammenklänge werden aus ihr abgeleitet. 2. Ferner legt sie fest, dass keiner der Töne neu erscheinen darf, ehe nicht die anderen elf erklungen sind, und dass diese in einer bestimmten, das ganze Stück hindurch unverändert bleibenden Anordnung nacheinander folgen sollen. Die so gebildete Grundgestalt heißt „Zwölftonreihe", „Grundreihe" oder nur „Reihe".

2. Streichquartett, op. 10 (1907–1908), 4. Satz „Entrückung" (George)

Für sie kommen dieselben Verfahren wie bei der Arbeit mit Grundgestalten zur Anwendung: Umkehrung (Spiegelung an der Horizontalen), Krebs (Spiegelung an der Vertikalen), Umkehrung des Krebses, Transposition (so entstehen drei aus ihr abgeleitete Gestalten). Jeder der zwölf Töne kann als Ausgangspunkt der vier Reihen genommen werden. Insgesamt stehen also dem Komponisten 48 Reihen zur Verfügung. Alle diese Verfahren werden unter dem Begriff „Reihentechnik" zusammengefasst. Damit ist die „Einheit" des musikalischen Raumes, in dem das Stück geschaffen wird, definiert.
Die Reihentechnik ermöglicht zweierlei: größtmögliche Differenzierung des Ausdrucks und größtmögliche Gesetzmäßigkeit innerhalb einer Komposition.

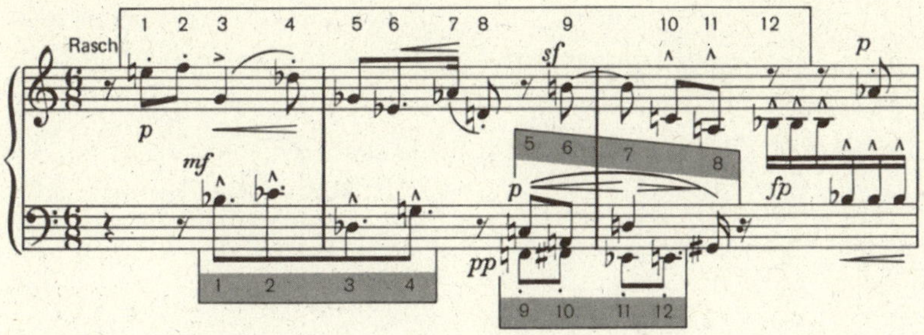

Suite für Klavier, op. 25 (1921–23), Präludium, Zwölftontechnik

Die neue Musik aller Zeitwenden war ärmer als die alte, die sie verdrängte. Gemessen an der Tradition, die sie zerbrach, erscheint sie als Rückfall in eine Kargheit, die jedoch nicht als naiv missverstanden werden darf. (C. Dahlhaus)
Referieren Sie über den Expressionismus in der Musik als einen der epochalen Einschnitte der Musikgeschichte; streifen sie dabei auch die anderen (1320 – 1430 – 1600 – 1740).

Vergleichen Sie die künstlerischen Biografien Schönbergs und Kandinskys in den Jahren 1903 bis 1923.

1. Leiten Sie aus dem oben stehenden Notenbeispiel eine mögliche Grundreihe ab. Bilden Sie deren Krebs, Umkehrung und Krebsumkehrung. Welches musikalische Zitat verwendet Schönberg als wesentlichen Bestandteil der Grundreihe?

Ein wilder, breiter Strom von Erzählung

„Wenn ein Roman nicht wie ein Regenwurm in zehn Stücke geschnitten werden kann und jeder Teil bewegt sich selbst, dann taugt er nicht.“ (Alfred Döblin)

Als Alfred Döblins Roman *Berlin Alexanderplatz* 1929 erschien, hatte das literarische Berlin seine Sensation. Die Kritik feierte, von wenigen Ausnahmen abgesehen, den Roman als literarisches Ereignis ersten Ranges. In der „Neuen Rundschau“ schrieb der Kritiker Willy Haas u.a.:

Ein wilder, breiter Strom von Erzählung, der alles mit sich reißt und schleppt, was ihm in den Weg kommt, Menschen, Tiere, Lachen und Schreie, Politik und Meteorologie, Bibel und Verkehrsregeln, das Blutbad in der Großschlächterei der Metropole und das biblische Schlachtopfer Abrahams, Wortfetzen, Schicksalsfetzen, Dutzende und Hunderte, Neurasthenien, Morde, Kalauer, Saturnalien, die aufgerissenen Gedärme des Alexanderplatzes und die eines geschlachteten Kalbes, Chemikalien, Technik, das Weib der Apokalypse und die Nutten am Stettiner Bahnhof, die Rosenthalerstraße, die Münzstraße, das Oranienburger Tor und das biblische Land Uz, in welchem in der Nacht Hiob mit Gott hadert. Immer breiter, immer fesselloser, je näher der Mündung zu:
Dies ist erzählt auf fünfhundertunddreißig Seiten. Sehr verschieden im Tempo: schnell, reißend oder langsam, wie gerade eben die Landschaft oder das Gefälle ist. Einmal schießt und schäumt es. Plötzlich gabelt es sich. Eine Rinne läuft einer Assoziationskette nach, weitab ins Land. Verschwindet. Eine Insel taucht auf: Geschichte eines Knaben, der in der Straßenbahn fährt, Biographie bis zu seinem Tode. Novelle von einem homosexuellen Dicken, der erpresst wird. Ein Mädchen mit schweren hysterischen Hemmungen schreibt Bekenntnisse in ihr Tagebuch. Novelle von einem sehr merkwürdigen asthmatischen Manne: ein Altwarenhändler in seinem Phantasieleben, ohne einen Pfennig Geld, seinen Traum auch wirklich zu realisieren: Er kauft täglich Altware ein und sagt sofort wieder per Postkarte den Kauf ab, jahrelang, ein gehetztes Scheinleben. Ein kleines berlinerisches Fräulein, die mal schnell mit ihrem Herrn aufs Zimmer geht, sie hat nicht viel Zeit, eine Humoreske von zwei Druckseiten. Eine Zeitungsnachricht über einen entlaufenen Sträfling namens Soundso: ein ganzer kleiner Roman im Roman. Eine Humoreske von einem Einbruch, bei dem der Portier des Hauses aufmacht. Noch eine ähnliche. Noch eine. Insel im Strom.

Werbezettel des Verlages

Weiter. Gesammelt, gerade, stark eine Weile. Aber da spricht wieder etwas hinein. Bemerkungen. Witze. Seitenrinnen. Plötzlich die Vision Hiobs, eine Nacht, in der er mit dem Leben streitet, eine grandiose Nacht. Ein Tag auf dem Schlachtviehhof, mit unerbittlichen, genialen Augen gesehen, vergrößert wie durch eine Lupe, verkleinert wie von ganz hoch oben, beides zugleich: ein erschütterndes Kapitel. Weiter. Weiter ... über uns, unter uns, neben uns strömt, stößt es uns, reißt es uns weiter, schwer atmend, fast ertrinkend der Mündung zu.

1. Der Werbezettel des S. Fischer Verlags wendet sich offenbar an ein breites Lesepublikum, sein Adressat ist „Lieschen Müller". Formulieren Sie, auf der Rezension von Willy Haas fußend, einen Werbezettel für literarisch gebildete Leser („Dr. Elisabeth Müller").
2. Erkennen Sie in der Charakterisierung des Romans typische Züge des Expressionismus?

WER WAR ALFRED DÖBLIN?

Alfred Döblin wurde 1878 als Sohn jüdischer Eltern in Stettin geboren. Sein Vater, ein Schneider, wanderte nach Amerika aus und ließ die Mutter mit fünf Kindern allein. Die Familie zog nach Berlin, wo Alfred seine Kindheit verbrachte, das humanistische Gymnasium besuchte und Medizin studierte. 1905 promovierte er in Freiburg und war dann sechs Jahre lang als Arzt in Krankenhäusern, Laboratorien und in der Irrenanstalt von Regensburg tätig. 1911 ließ er sich in Berlin nieder, zunächst als Armenarzt, später als Kassenarzt für Neurologie und Psychiatrie. Den Weltkrieg 1914–1918 machte er als Militärarzt mit. Döblin war Mitbegründer und Mitarbeiter der Zeitschrift *Der Sturm.* 1915 veröffentlichte er seinen ersten Roman, weitere Romane folgten, darunter *Berlin Alexanderplatz* (1929), der Roman, der ihn berühmt machte. Am 10. Mai 1933 wurden seine Bücher von den Nationalsozialisten verbrannt. Döblin floh zunächst nach Zürich, dann nach Paris. 1936 wurde ihm die französische Staatsbürgerschaft zuerkannt. Als die deutschen Truppen 1940 in Frankreich einmarschierten, war Döblin wieder auf der Flucht, er gelangte über Portugal nach Amerika. In den USA trat er 1941 vom jüdischen zum katholischen Glauben über. 1945 war Döblin einer der ersten Emigranten, die nach Deutschland zurückkehrten, er kam als französischer Offizier nach Baden-Baden. Weil er sich im Deutschland der Nachkriegszeit vergessen und missachtet fühlte, ging er 1951 enttäuscht nach Paris zurück. Bei einem Aufenthalt im Schwarzwald starb er 1957 in Emmendingen.

E. L. Kirchner: Alfred Döblin (1912)

Was macht das epische Werk aus? Das Vermögen seines Herstellers, dicht an die Realität zu drängen und sie zu durchstoßen, um zu gelangen zu den einfachen großen elementaren Grundsituationen und Figuren des menschlichen Daseins. (Alfred Döblin)

DER ROMANEINGANG: VIELSTIMMIGES ERZÄHLEN

Die „Geschichte vom Franz Biberkopf" beginnt so:

G. Grosz: Illustrationen zu *Berlin Alexanderplatz*

Mit der 41 in die Stadt

Er stand vor dem Tor des Tegeler Gefängnisses und war frei. Gestern hatte er noch hinten auf den Äckern Kartoffeln geharkt mit den anderen, in Sträflingskleidung, jetzt ging er im gelben Sommermantel, sie harkten hinten, er war frei. Er ließ Elektrische auf Elektrische vorbeifahren, drückte den Rücken an die rote Mauer und ging nicht. Der Aufseher am Tor spazierte einige Male an ihm vorbei, zeigte ihm seine Bahn, er ging nicht. Der schreckliche Augenblick war gekommen [schrecklich, Franze, warum schrecklich?], die vier Jahre waren um. Die schwarzen eisernen Torflügel, die er seit einem Jahre mit wachsendem Widerwillen betrachtet hatte [Widerwillen, warum Widerwillen?], waren hinter ihm geschlossen. Man setzte ihn wieder aus. Drin saßen die andern, tischlerten, lackierten, sortierten, klebten, hatten noch zwei Jahre, fünf Jahre. Er stand an der Haltestelle.

Die Strafe beginnt.

Er schüttelte sich, schluckte. Er trat sich auf den Fuß. Dann nahm er einen Anlauf und saß in der Elektrischen. Mitten unter den Leuten. Los. Das war zuerst, als wenn man beim Zahnarzt sitzt, der eine Wurzel mit der Zange gepackt hat und zieht, der Schmerz wächst, der Kopf will platzen. Er drehte den Kopf zurück nach der roten Mauer, aber die Elektrische sauste mit ihm auf den Schienen weg, dann stand nur noch sein Kopf in der Richtung des Gefängnisses. Der Wagen machte eine Biegung, Bäume, Häuser traten dazwischen. Lebhafte Straßen tauchten auf, die Seestraße, Leute stiegen ein und aus. In ihm schrie es entsetzt: Achtung, Achtung, es geht los. Seine Nasenspitze vereiste, über seine Backe schwirrte es. „Zwölf Uhr Mittagszeitung", „B. Z.", „Die neuste Illustrirte", „Die Funkstunde neu", „Noch jemand zugestiegen?" Die Schupos haben jetzt blaue Uniformen. Er stieg unbeachtet wieder aus dem Wagen, war unter Menschen. Was war denn? Nichts. Haltung, ausgehungertes Schwein, reiß dich zusammen, kriegst meine Faust zu riechen. Gewimmel, welch Gewimmel. Wie sich das bewegte. Mein Brägen hat wohl kein Schmalz mehr, der ist wohl ganz ausgetrocknet. Was war das alles. Schuhgeschäfte, Hutgeschäfte, Glühlampen, Destillen. Die Menschen müssen doch Schuhe haben, wenn sie so viel rumlaufen, wir hatten ja auch eine Schusterei, wollen das mal festhalten. Hundert blanke Scheiben, lass die doch blitzern, die werden dir doch nicht bange machen, kannst sie ja kaputtschlagen, was ist denn mit die, sind eben blank geputzt. Man riss das Pflaster am Rosenthaler Platz auf, er ging zwischen den andern auf Holzbohlen. Man mischt sich unter die andern, da vergeht alles, dann merkst du nichts, Kerl. Figuren standen in den Schaufenstern in Anzügen, Mänteln, mit Röcken, mit Strümpfen und Schuhen. Draußen bewegte sich alles, aber – dahinter – war nichts! Es – lebte – nicht! Es hatte fröhliche Gesichter, es lachte, wartete auf der Schutzinsel gegenüber Aschinger zu zweit oder zu dritt, rauchte Zigaretten, blätterte in Zeitungen. So stand das da wie die Laternen – und – wurde immer starrer. Sie gehörten zusammen mit den Häusern, alles weiß, alles Holz.

Schreck fuhr in ihn, als er die Rosenthaler Straße herunterging und in einer kleinen Kneipe ein Mann und eine Frau dicht am Fenster saßen: die gossen sich Bier aus Seideln in den Hals, ja was war dabei, sie tranken eben, sie hatten Gabeln und stachen sich damit Fleischstücke in den Mund, dann zogen sie die Gabeln wieder heraus und bluteten nicht. Oh, krampfte sich sein Leib zusammen, ich kriege es nicht weg, wo soll ich hin? Es antwortete: Die Strafe. Er konnte nicht zurück, er war mit der Elektrischen so weit hierher gefahren, er war aus dem Gefängnis entlassen und musste hier hinein, noch tiefer hinein.

Das weiß ich, seufzte er in sich, dass ich hier rin muss und dass ich aus dem Gefängnis entlassen bin. Sie mussten mich ja entlassen, die Strafe war um, hat seine Ordnung, der Bürokrat tut seine Pflicht. Ich geh auch rin, aber ich möchte nicht, mein Gott, ich kann nicht.

Er wanderte die Rosenthaler Straße am Warenhaus Tietz vorbei, nach rechts bog er ein in die schmale Sophienstraße. Er dachte, diese Straße ist dunkler, wo es dunkel ist, wird es besser sein. Die Gefangenen werden in Einzelhaft, Zellenhaft und Gemeinschaftshaft untergebracht. Bei Einzelhaft wird der Gefangene bei Tag und Nacht unausgesetzt von andern Gefangenen gesondert gehalten. Bei Zellenhaft wird der Gefangene in einer Zelle untergebracht, jedoch bei Bewegung im Freien, beim Unterricht, Gottesdienst mit andern zusammengebracht. Die Wagen tobten und klingelten weiter, es rann Häuserfront neben Häuserfront ohne Aufhören hin. Und Dächer waren auf den Häusern, die schwebten auf den Häusern, seine Augen irrten nach oben: Wenn die Dächer nur nicht abrutschten, aber die Häuser standen gerade. Wo soll ick armer Deibel hin, er latschte an der Häuserwand lang, es nahm kein Ende damit. Ich bin ein ganz großer Dussel, man wird sich hier doch noch durchschlängeln können, fünf Minuten, zehn Minuten, dann trinkt man einen Kognak und setzt sich. Auf entsprechendes Glockenzeichen ist sofort mit der Arbeit zu beginnen. Sie darf nur unterbrochen werden in der zum Essen, Spaziergang, Unterricht bestimmten Zeit. Beim Spaziergang haben die Gefangenen die Arme ausgestreckt zu halten und sie vor- und rückwärts zu bewegen.

Da war ein Haus, er nahm den Blick weg von dem Pflaster, eine Haustür stieß er auf, und aus seiner Brust kam ein trauriges brummendes oh, oh. Er schlug die Arme umeinander, so mein Junge, hier frierst du nicht. Die Hoftür öffnete sich, einer schlurfte an ihm vorbei, stellte sich hinter ihn. Er ächzte jetzt, ihm tat wohl zu ächzen. Er hatte in der ersten Einzelhaft immer so geächzt und sich gefreut, dass er seine Stimme hörte, da hat man was, es ist noch nicht alles vorbei. Das taten viele in den Zellen, einige am Anfang, andere später, wenn sie sich einsam fühlten. Dann fingen sie damit an, das war noch was Menschliches, es tröstete sie. So stand der Mann in dem Hausflur, hörte das schreckliche Lärmen von der Straße nicht, die irrsinnigen Häuser waren nicht da. Mit gespitztem Munde grunzte er und ermutigte sich, die Hände in den Taschen geballt. Seine Schultern im gelben Sommermantel waren zusammengezogen zur Abwehr. (S. 8–10)

1. Beschreiben Sie die innere Verfassung Biberkopfs zu Beginn des Romans.
2. Teilen Sie den Text für eine Hörspielfasssung auf verschiedene Stimmen auf. Unterscheiden Sie dabei die Stimme des Erzählers, Stimmen aus der erzählten Welt und verschiedene innere Stimmen Biberkopfs.
   Bemerkungen des Erzählers, die in der Hörspielfassung den Charakter von Regieanweisungen erhalten (z. B. „seufzte er in sich"), können entfallen, sie werden bei einer Aufführung hörbar gemacht.
   Vielleicht können Sie bei der Lösung dieser Aufgabe die nebenstehenden Begriffsdefinitionen brauchen.
3. Stellen Sie sich eine Sprech-Inszenierung der Hörspielfassung vor. Wie sollen sich die Sprecher im Raum verteilen? Wer steht im Vordergrund, wer im Hintergrund? Welche Sprecher stehen nahe beieinander, wer hält Distanz zu den andern? Gibt es Stimmen von oben, von unten, von unsichtbaren Sprechern?
4. Der Romaneingang enthält gegensätzliche Aussagen zum Stichwort „Strafe": „Die Strafe beginnt" (Z. 16), „die Strafe war um" (Z. 52).
   Welchen Stimmen haben Sie diese Aussagen zugewiesen? Und wie erklären Sie ihren Widerspruch?
5. Charakterisieren Sie expressionistische Elemente in diesem Romaneingang.

Innerer Monolog: Eine direkte Rede, mit der die unausgesprochenen Vorstellungen und Gedanken einer Erzählfigur wiedergegeben werden. Sie kann in der 1. Person („ich") oder in der 2. Person („du") gehalten sein, je nachdem, welche Distanz die Erzählfigur zu sich selbst hat. Der innere Monolog weist für gewöhnlich Merkmale der gesprochenen Sprache auf, ist oft sprunghaft und gefühlsbetont.

Erlebte Rede: Wiedergabe von Wahrnehmungen, Vorstellungen, Gedanken einer Erzählfigur in der Er-Form, oft im Präteritum. Der Erzähler spricht zwar selbst, aber er wählt die Sichtweise einer Erzählfigur. Für den Leser ist die erlebte Rede erkennbar an Stilmitteln wie Ausrufen, Fragen, Angleichungen an die charakteristische Sprechweise der betreffenden Erzählfigur.

DIE VORREDEN: EIN ERZÄHLER UND SEIN „HELD"

Döblins Roman besteht aus 9 Büchern, jedes Buch beginnt mit einer Vorrede des Erzählers. Sie finden diese Vorreden nachstehend in vertauschter Reihenfolge.

*Hier erlebt Franz Biberkopf, der anständige, gutwillige, den ers-
ten Schlag. Er wird betrogen. Der Schlag sitzt.
Biberkopf hat geschworen, er will anständig sein, und ihr habt ge-
sehen, wie er wochenlang anständig ist, aber das war gewisser-
maßen nur eine Gnadenfrist. Das Leben findet das auf die Dau-
er zu fein und stellt ihm hinterlistig ein Bein. Ihm aber, dem Franz
Biberkopf, scheint das vom Leben nicht besonders schick, und er
hat eine geraume Zeit lang solch gemeines, hundsföttisches, aller
guten Absicht widersprechendes Dasein dick.
Warum das Leben so verfährt, begreift er nicht. Er muss einen lan-
gen Weg gehen, bis er es sieht.*

Hier saust der Hammer, der Hammer gegen Franz Biberkopf.

*Eine rasche Erholung, der Mann steht wieder da, wo er stand, er
hat nichts erkannt. Jetzt fällt der erste schwere Streich auf ihn. Er
wird in ein Verbrechen hineingerissen, er will nicht, er wehrt sich,
aber er muss müssen.
Er wehrt sich tapfer und wild mit Händen und Füßen, aber es hilft
nichts, es geht über ihn, er muss müssen.*

*Es hat nichts genutzt. Es hat noch immer nichts genutzt. Franz
Biberkopf hat den Hammerschlag erhalten, er weiß, dass er verlo-
ren ist, er weiß noch immer nicht, warum.*

*Und jetzt ist Franz Biberkopfs irdischer Weg zu Ende. Es ist nun
Zeit, dass er zerbrochen wird. Er fällt der dunklen Macht in die
Hände, die Tod heißt und die ihm als Aufenthaltsort passend er-
scheint. Aber er erfährt, was sie über ihn meint, auf eine Weise, die
er nicht erwartet hat und die alles übersteigt, was ihn bisher betrof-
fen hat.
Sie redet Fraktur mit ihm. Sie klärt ihn über seine Irrtümer, seinen
Hochmut und seine Unwissenheit auf. Und damit stürzt zusam-
men der alte Franz Biberkopf, es ist beendet sein Lebenslauf.
Der Mann ist kaputt. Es wird noch ein anderer Biberkopf gezeigt,
dem der alte nicht das Wasser reicht und von dem zu erwarten ist,
dass er seine Sache besser macht.*

*Franz Biberkopf hat eigentlich kein Unglück getroffen. Der ge-
wöhnliche Leser wird erstaunt sein und fragen: Was war dabei?
Aber Franz Biberkopf ist kein gewöhnlicher Leser. Er merkt, sein
Grundsatz, so einfach er ist, muss irgendwo fehlerhaft sein. Er
weiß nicht wo, aber schon dass er es ist, gräbt ihn in allerschwerste
Betrübnis.
Ihr werdet den Mann hier saufen sehen und sich fast verloren ge-
ben. Aber es war noch nicht so hart, Franz Biberkopf ist für
schlimmere Dinge aufbewahrt.*

*Jetzt seht ihr Franz Biberkopf nicht saufen und sich verstecken.
Jetzt sehr ihr ihn lachen: Man muss sich nach der Decke strecken.
Er ist in einem Zorn, dass man ihn gezwungen hat, es soll ihn
keiner mehr zwingen, der Stärkste nicht. Er hebt gegen die dunk-
le Macht die Faust, er fühlt etwas gegen sich stehen, aber er kann
es nicht sehen, es muss noch geschehen, dass der Hammer gegen
ihn saust.*

*Damit haben wir unseren Mann glücklich nach Berlin gebracht.
Er hat seinen Schwur getan, und es ist die Frage, ob wir nicht ein-
fach aufhören sollen. Der Schluss scheint freundlich und ohne Ver-
fänglichkeit, es scheint schon ein Ende, und das Ganze hat den
großen Vorteil der Kürze.
Aber es ist kein beliebiger Mann, dieser Franz Biberkopf. Ich ha-
be ihn hergerufen zu keinem Spiel, sondern zum Erleben seines
schweren, wahren und aufhellenden Daseins.
Franz Biberkopf ist schwer gebrannt, er steht jetzt vergnügt und
breitbeinig im Berliner Land, und wenn er sagt, er will anständig
sein, so können wir ihm glauben, er wird es sein.
Ihr werdet sehen, wie er wochenlang anständig ist. Aber das ist ge-
wissermaßen nur eine Gnadenfrist.*

*Hier im Beginn verlässt Franz Biberkopf das Gefängnis Tegel, in
das ihn ein früheres sinnloses Leben geführt hat. Er fasst in Ber-
lin schwer wieder Fuß, aber schließlich gelingt es ihm doch, worü-
ber er sich freut, und er tut nun den Schwur, anständig zu sein.*

1. Ordnen Sie diese Vorreden so, dass sich eine sinnvolle Reihenfolge ergibt.
   Informieren Sie sich unter den „Lösungshinweisen" über die originale Abfolge.
2. Zeichnen Sie, ausgehend von den Höhepunkten und Tiefpunkten, eine Schicksalslinie Franz Biberkopfs in Gestalt einer „Fieberkurve".

Auch für den gesamten Roman gibt es ein Erzählervorwort. Es lautet:

Dies Buch berichtet von einem ehemaligen Zement- und Transportarbeiter Franz Biberkopf in Berlin. Er ist aus dem Gefängnis, wo er wegen älterer Vorfälle saß, entlassen und steht nun wieder in Berlin und will anständig sein.
Das gelingt ihm auch anfangs. Dann aber wird er, obwohl es ihm wirtschaftlich leidlich geht, in einen regelrechten Kampf verwickelt mit etwas, das von außen kommt, das unberechenbar ist und wie ein Schicksal aussieht.
Dreimal fährt dies gegen den Mann und stört ihn in seinem Lebensplan. Es rennt gegen ihn mit einem Schwindel und Betrug. Der Mann kann sich wieder aufrappeln, er steht noch fest.
Es stößt und schlägt ihn mit einer Gemeinheit. Er kann sich schon schwer erheben, er wird schon fast ausgezählt.
Zuletzt torpediert es ihn mit einer ungeheuerlichen äußersten Rohheit.
Damit ist unser guter Mann, der sich bis zuletzt stramm gehalten hat, zur Strecke gebracht. Er gibt die Partie verloren, er weiß nicht weiter und scheint erledigt.
Bevor er aber ein radikales Ende mit sich macht, wird ihm auf eine Weise, die ich hier nicht bezeichne, der Star gestochen. Es wird ihm aufs deutlichste klargemacht, woran alles lag. Und zwar an ihm selbst, man sieht es schon, an seinem Lebensplan, der wie nichts aussah, aber jetzt plötzlich ganz anders aussieht, nicht einfach und fast selbstverständlich, sondern hochmütig und ahnungslos, frech, dabei feige und voller Schwäche.
Das furchtbare Ding, das sein Leben war, bekommt einen Sinn. Es ist eine Gewaltkur mit Franz Biberkopf vollzogen. Wir sehen am Schluss den Mann wieder am Alexanderplatz stehen, sehr verändert, ramponiert, aber doch zurechtgebogen.
Dies zu betrachten und zu hören wird sich für viele lohnen, die wie Franz Biberkopf in einer Menschenhaut wohnen und denen es passiert wie diesem Franz Biberkopf, nämlich vom Leben mehr zu verlangen als das Butterbrot. (S. 7)

Schutzumschlag von Georg Salter für die Erstausgabe 1929

1. Vergleichen Sie die von Ihnen entworfene „Schicksalslinie" mit der Darstellung von Biberkopfs Schicksal im Erzählervorwort.
2. Worin unterscheidet sich das Erzählervorwort vom Text auf dem Schutzumschlag der Erstausgabe?
3. Und was stimmt nun eigentlich? – Überprüfen Sie anhand der Vorreden folgende Aussagen über den Erzähler in „Berlin Alexanderplatz": Der Erzähler
– ist ein Moralist – spielt sich als Moralist auf – sieht sich in der Rolle eines Berichterstatters – präsentiert sich als Erfinder und Drahtzieher des Geschehens, seine Figuren sind „Marionetten" – empfindet Sympathie für seine Hauptfigur – geht mit seiner Hauptfigur hart ins Gericht – betrachtet die Erzählfigur wie der Verhaltensforscher seine Graugänse – leidet mit der Erzählfigur – stellt sich auf eine Ebene mit dem Leser – stellt sich über den Leser – verkündet eine Lehre von großem Ernst – ist ein Spieler und Spötter, gefällt sich in Übertreibungen, liebt den Moritatenton – ist extrem wandlungsfähig wie ein Chamäleon.
Welchen Aussagen stimmen Sie zu, welchen nicht?
4. Formulieren Sie eine eigene Charakterisierung des Erzählers.

Franz hat seine Braut erschlagen, Ida, der Nachname tut nichts zur Sache, in der Blüte ihrer Jahre.

FRANZ BIBERKOPFS ALTE SCHULD ...

Franz Biberkopf hat zu Beginn des Romans eine vierjährige Gefängnisstrafe wegen Totschlags hinter sich. Der Zeichner George Grosz hat sein Verbrechen auf nebenstehendem Bild dargestellt.

1. Formulieren Sie Sprechblasen-Texte zu diesem Bild.
2. Was verrät das Bild über die näheren Umstände des Verbrechens?

... UND WIE ER DAMIT UMGEHT

Im zweiten Buch stellt der Erzähler seinem Helden eine griechische Sagengestalt gegenüber: den Muttermörder Orest, der seines Verbrechens wegen von den Rachegöttinnen, den Erinnyen, verfolgt wird. Über Franz heißt es an dieser Stelle:

Da steht unser Franz Biberkopf anders da. Nach fünf Wochen ist auch seine Ida tot, im Krankenhaus Friedrichshain, komplizierter Rippenbruch, Riss im Brustfell, kleiner Lungenriss, anschließendes Empyem, Brustfellvereiterung, Lungenentzündung, Mensch, das Fieber geht nicht runter, wie siehst du schon aus, nimm dir n Spiegel, Mensch, du bist erledigt, du bist hin, du kannst einpacken. Sie haben sie seziert, in die Erde getan in der Landsberger Allee, drei Meter unter der Erde. Mit Hass auf Franz ist sie gestorben, seine Stinkwut auf sie hat auch nach ihrem Tod nicht nachgelassen, ihr neuer Freund, der Breslauer, hat sie noch besucht. Da liegt sie unten, schon fünf Jahre, waagerecht auf dem Rücken, die Holzbretter faulen an, sie zerfließt in Jauche, sie, die einmal in Treptow im Paradiesgarten mit Franz getanzt hat in weißen Segelschuhen, die geliebt und sich herumgetrieben hat, sie hält ganz still und ist nicht mehr da.

Er aber hat seine vier Jahre abgemacht. Der sie getötet hat, geht herum, lebt, blüht, säuft, frisst, verspritzt seinen Samen, verbreitet weiter Leben. Sogar Idas Schwester ist ihm nicht entgangen. Mal wird es auch ihn erwischen. Ist doch auch ich weiß nicht wer gestorben. Aber es hat noch gute Weile damit. Das weiß er. Inzwischen wird er weiter in den Kneipen frühstücken und auf seine Weise den Himmel über dem Alexanderplatz loben: Seit wann bläst deine Großmama Posaune, und: Mein Papagei frisst keine harten Eier. (S. 88)

1. Der zweite Abschnitt endet mit Zitaten aus Schlagertexten. Welchen Sinn könnten die Zitate an dieser Stelle haben?
2. Beide Abschnitte geben Einblick in Biberkopfs Gefühlswelt nach seiner Entlassung. Erkennen Sie Anzeichen für Widersprüche in dieser Gefühlswelt?

Trotzdem: Es sieht an dieser Stelle des Romans so aus, als hätte Franz seine Schuldgefühle ein für allemal abgehakt. Das war nicht immer so, ein Rückblick auf den Romaneingang (vgl. S. 52 f.) wird es bestätigen.

1. Lesen Sie den Romaneingang noch einmal, diesmal unter der Fragestellung: Welche Rolle spielt die alte Schuld für Franz Biberkopf?
2. Wie verstehen Sie die Aussage, dass mit der Entlassung aus dem Gefängnis „die Strafe beginnt"?

Im Romaneingang meldet sich zweimal eine Stimme zu Wort, die durch eckige Klammern gekennzeichnet ist [schrecklich, Franze, warum schrecklich?]. Diese Stimme begleitet Franz im ersten Buch auch auf seinem weiteren Weg. Er wird zunächst von einem Juden in die Wohnung eines anderen Juden mitgenommen. Er sitzt auf dem Sofa, vorübergehend allein gelassen, und denkt zurück an das Gefängnis. Da greift die Stimme in eckigen Klammern wieder ein:

Die Mauern standen vor seinen Augen, sie betrachtete er auf dem Sofa, betrachtete sie unentwegt. Es ist ein großes Glück, in diesen Mauern zu wohnen, man weiß, wie der Tag anfängt und wie er weitergeht. [Franz, du möchtest dich doch nicht verstecken, du hast dich schon die vier Jahre versteckt, habe Mut, blick um dich, einmal hat das Verstecken doch ein Ende.] (S.12)

1. Wovor könnte sich Franz im Gefängnis „versteckt" haben? Vor dem Leben? Vor seiner Schuld?

Franz fühlt sich so elend und verzweifelt, dass er „wie eine Puppe" vom Sofa rutscht und sich auf dem Teppich krümmt. Die Stimme in eckigen Klammern ist wieder zur Stelle. Hier einige Auszüge aus dem Fortgang der Handlung:

Der Entlassene ächzte, den Kopf auf dem Teppich. [Warum er aber stöhnt und ächzt? Es heißt sich entschließen, es muss ein Weg gegangen werden – und du weißt keinen, Franze. Den alten Mist möchtest du nicht und in der Zelle hast du auch nur gestöhnt und dich versteckt und nicht gedacht, nicht gedacht, Franze.] (S. 14 f.)

Der winselte unten. [Winseln ist kostenlos, winseln kann ne kranke Maus auch.] (S. 15)

Das dumpfe Stöhnen unten ging weiter.[Stöhnen kann n krankes Kamel auch.] (S. 15)

Der andere (d. h. Franz) wurde schon wieder auf den Boden heruntergezwungen. [Bereuen sollst du; erkennen, was geschehen ist; erkennen, was Not tut!] (S. 17)

Die Juden erzählen Franz die Geschichte von Zannovich, der ein Hochstapler und Betrüger war und zuletzt auf dem Schindanger landete. Franz, inzwischen aufgerichtet, empört sich darüber:

Ja, sind wir denn nichts, weil wir mal was getan haben? Es können alle wieder auf die Beene kommen, die gesessen haben, und die können gemacht haben, wat sie wollen. [Was bereuen! Luft muss man sich machen! Drauflosschlagen! Dann liegt alles hinter einem, dann ist alles vorbei, Angst und alles.] (S. 22)

Franz verlässt die Juden, geht ins Kino, sieht einen Liebesfilm:

Das ging auf ihn über und machte ihn schwach. Ein Weibsstück. [Es gibt noch mehr als Ärger und die Angst. Was soll der ganze Quatsch? Luft, Mensch, ein Weib!] (S. 25)

1. Beschreiben Sie den Sinneswandel der Stimme in eckigen Klammern.

Die Sache mit dem „Weibsstück“ erweist sich als schwierig. Zweimal geht Franz mit Prostituierten auf deren Zimmer, zweimal versagt er und handelt sich gutmütigen Spott ein. Sein Fazit: „Mir haben sie verplempert.“ „Ich bin kein Mensch mehr“ (S. 28). Dann aber tritt eine neue Wendung der Dinge ein:

Und wie Mittwoch ist, der dritte Tag, zieht er sich den Rock an. Wer schuld an allem ist? Immer Ida. Wer sonst. Dem Biest hab ich die Rippen zerschlagen damals, darum hab ich ins Loch gemusst. Jetzt hat sie, wat sie wollte, das Biest ist tot, jetzt steh ich da. Und heult für sich und rennt in der Kälte die Straßen entlang. Wohin? Wo sie gewohnt hat mit ihm, bei ihrer Schwester. Durch die Invalidenstraße, in die Ackerstraße, wie nichts ins Haus rin, zweiter Hof. Kein Gefängnis gewesen, kein Gespräch mit den Juden in der Dragonerstraße. Wo ist das Luder, die ist dran schuld. Nichts gesehn auf der Straße, aber hingefunden. Ein bisschen Gesichtszucken, ein bisschen Fingerzucken, da gehen wir hin, rummer di bummer di kieker di nell, rummer di bummer di kieker di nell, rummer di bummer. (S. 29)

Idas Schwester Minna öffnet ihm die Tür, sie ist allein zu Hause. Franz tut ihr Gewalt an, er bricht ihren Widerstand. Am Ende triumphiert er:

Er krabbelte hoch, lachte und drehte sich vor Glück, vor Wonne, vor Seligkeit. Was blasen die Trompeten, Husaren heraus, halleluja! Franz Biberkopf ist wieder da! Franz ist entlassen! Franz Biberkopf ist frei! Die Hosen hatte er hochgezogen, humpelte von einem Bein aufs andere. (S. 31 f.)

1. Franz fühlt sich „entlassen“, nachdem er an den Ort seines alten Verbrechens zurückgekehrt ist und der Schwester seines Opfers Gewalt angetan hat. Haben Sie eine Erklärung dafür?

Im zweiten Buch verwirklicht Franz seinen Vorsatz, „anständig zu bleiben“ (S. 36). Er wird Straßenhändler, handelt zeitweilig mit „völkischen“ Zeitungen (S. 69), später mit „Gelegenheitsware“ (S. 91), hat eine polnische Freundin mit Namen Lina. Im dritten Buch trifft ihn ein Unheil. Vor seinem Kollegen Lüders hat er mit seinem Erfolg bei einer Witwe geprahlt (S. 92), und der hat daraufhin die Witwe aufgesucht, erpresst und Biberkopfs Waren an sich genommen. Franz steht bei der Witwe vor verschlossenen Türen. Es trifft ihn wie ein Hammerschlag, er zieht sich zurück, besäuft sich, ist für seinen Freund Meck und die polnische Lina lange unauffindbar. Schließlich sucht Lüders ihn auf, von Meck gezwungen. Er findet Franz auf seinem Bett vor:

Biberkopf hat sich aufgesetzt, sein Gesicht ist manchmal ganz hart, manchmal zittern kleene Bündelchen in seinem Gesicht. Er zeigt nach der Tür und sagt leise: „Raus!“ Lüders hat seine paar Märker hingelegt, dachte an Meck und dass die ihm auflauern würden und bittet um einen Zettel, dass er da war, oder ob Meck selbst raufkommen könne oder Lina. Da steht Biberkopf ganz auf, im Augenblick rutscht Lüders an die Tür, hat die Hand an der Klinke. Biberkopf aber geht schräg nach hinten an den Waschständer, nimmt die Waschschüssel und – wat sagste – gießt das Wasser in einem Schwung durch die Stube vor Lüders' Füße. Von Erde bist du gekommen, zu Erde sollst du wieder werden. Lüders reißt die Augen auf, weicht zur Seite, drückt auf die Klinke. Biberkopf nimmt die Waschkanne. Es war noch mehr Wasser drin, wir haben noch viel, wir machen reinen Tisch, von Erde bist du gekommen. Er schüttet sie gegen den an der Tür, dem es gegen Hals und Mund spritzt, eiskaltes Wasser. Lüders rutscht raus, weg ist er, die Tür ist zu. (S. 102)

1. Wie erklären Sie sich Biberkopfs Verhalten?
2. Formen Sie diesen Abschnitt in einen durchgehenden inneren Monolog Biberkopfs um. Er sollte ein wenig mehr von Biberkopfs Motiven verraten, als es der Text tut.

FRANZ UND REINHOLD

Im fünften Buch handelt Franz wieder mit Zeitungen. In der Kneipe macht er eine neue Bekanntschaft:

Diesen Gelben, den ihm Meck bezeichnete, beobachtete Franz den ganzen langen Abend. Franz fühlte sich mächtig von ihm angezogen. Er war schlank, trug einen verschossenen Soldatenmantel – ob das ein Kommunist ist? – hatte ein langes, hohes gelbliches Gesicht, und auffällig an ihm waren die starken Querfalten an der Stirn. Der Mann war sicher erst Anfang dreißig, aber von der Nase zum Mund liefen beiderseits solche klaffenden Einsenkungen. Die Nase, Franz betrachtete ihn genau und oh, die Nase war kurz, stumpf, sachlich aufgesetzt. Den Kopf ließ er tief herunter gegen seine linke Hand, die die brennende Pfeife hielt. Er hatte schwarze hochstehende Haare. Wie er nachher zum Schanktisch rüberging – er zog seine Beine hinter sich, das sah aus, als ob ihm die Füße immer wo stecken blieben –, da sah Franz, dass er gelbe elende Stiefel trug, und die dicken grauen Strümpfe hingen über Bord. Hat der Kerl die Schwindsucht? Man müsste ihn in eine Heilstätte stecken, Beelitz oder so, lassen ihn so rumlaufen. Was treibt denn der? Der Mann kam angeschwommen, die Pfeife im Mund, in der einen Hand eine Tasse Kaffee, in der anderen Zitronenlimonade mit einem großen Zinnlöffel. Damit setzte er sich wieder an den Tisch, nahm mal einen Schluck Kaffee, mal einen Limonade. Franz hielt ihn mit den Augen fest. Was der Kerl für traurige Augen hat. Gesessen wird er auch schon haben; kommt mal her, passt auf, der denkt jetzt auch, ich hab gesessen. Stimmt, mein Junge, haben wir, Tegel, vier Jahr, jetzt weißt du es, na, was ist nu?
Weiter war an dem Abend nichts. Aber Franz ging jetzt öfter in die Prenzlauer Straße und schmiss sich an diesen Mann in dem alten Soldatenmantel ran. Das war ein feiner Junge, bloß stotterte er mächtig, es dauerte lange, bis er was raushatte, darum machte er auch so große flehentliche Augen. Es kam heraus, dass er noch nicht gesessen hatte, bloß einmal war er politisch gewesen, eine Gasanstalt beinah in die Luft gesprengt, sie waren verpfiffen worden, aber ihn haben sie nicht gekriegt. „Und was machst du jetzt?" „Obsthandeln und so. Helfen. Wenns nicht geht, stempeln." In eine dunkle Gesellschaft war Franz Biberkopf geraten, die meisten hier handelten merkwürdigerweise „Obst", machten gute Geschäfte dabei, der Kleine mit dem krebsroten Gesicht versorgte sie, der war ihr Grossist. Franz hielt sich von ihnen in Entfernung, aber auch sie von ihm. Er wurde aus der Sache nicht klug. Er sagte sich: lieber Zeitungshandel. (S. 155 f.)

Zwischen Franz und dem „Gelben" bahnt sich ein „schwunghafter Mädchenhandel" an:

Eines Abends kommt der im Soldatenmantel, Reinhold hieß er, mehr ins Sprechen oder Stottern, es ging rascher und glatter damit, er schimpfte über Weiber. Franz lachte sich einen Ast, der Junge nahm die Weiber wirklich ernst. Das hätte er von dem nicht vermutet; da hat der auch einen Stich, hier hatten alle einen Stich, der eine da, der andere da, ganz richtig war keiner. Der Junge war in die Frau eines Kutschers verliebt, eines Mitfahrers von einer Brauerei, sie war seinetwegen dem Mann schon weggelaufen, und das Kreuz war, jetzt wollte sie Reinhold gar nicht mehr. Franz röchelte vor Vergnügen durch die Nase, der Junge war zu komisch: „Lass die doch loofen." Der stotterte und machte fürchterliche Augen: „Das ist doch so schwer. Die Weiber verstehen nicht, man kanns ihnen schriftlich geben. „Na, hast es ihr denn aufgeschrieben, Reinhold?" Der stotterte, spuckte und wand sich: „Gesagt hundertmal. Sie sagt, sie versteht's nicht. Ich muss wohl verrückt sein. So was versteht sie nicht. Dann muss ich sie also, bis ich krepiere, behalten." „Na vielleicht." „Sagt sie auch." Franz lachte kolossal, Reinhold ärgerte sich: „Mensch, sei doch nicht so dämlich." Nein, das ging Franz nicht ein, ein so kesser Junge, mit Dynamit ins Gaswerk, und jetzt sitzt er da und bläst den Trauermarsch. „Nimm sie mir ab", stotterte Reinhold. Franz schlug vor Spaß auf den Tisch:

„Und was mach ich mit der?“ „Na, du kannst sie ja laufen lassen.“ Da war Franz entzückt: „Dir tu ich den Gefallen, auf mir kannste dich verlassen, Reinhold, aber – dich werden sie noch in Windeln legen.“ „Kuck sie dir mal erst an, und dann sag du.“ Sie waren beide zufrieden. (S. 156 f.)

Monatelang geht das so: Die Frauen, deren Reinhold überdrüssig geworden ist, werden von Franz übernommen. Aber Reinholds Problem ist damit nicht gelöst, er sucht sogar Zuspruch bei der Heilsarmee. Es kommt zu einer Aussprache mit Franz:

„Ich will von den Weibern los, Franz, ich will nicht mehr!“ „Gott, und ich hab mich schon auf die Nächste gefreut.“ „Meinste denn, es macht mir Spaß, nächste Woche wieder zu dir zu kommen und du sollst mir die Trude, die blonde, abnehmen? Nee, uff die Basis …“ „An mir, Reinhold, solls nicht liegen, warum denn? Auf mir kannste dir verlassen. Da können von mir aus noch zehn Weiber kommen, bringen wir alle unter, Reinhold.“ „Lass mich zufrieden mit die Weiber. Wenn ich aber nicht will, Franz?“ Nu find sich da einer mal zurecht, und regt sich der uff. „Nee, wenn du die Weiber nich willst, das ist ja ganz einfach, da lässt du sie eben. […]“ (S.161)

1. „Ich will von den Weibern los!“ Entwerfen Sie einen Brief Reinholds für den „Kummerkasten“ einer Berliner Illustrierten und die Antwort von „Frau Olga“ bzw. „Dr. Sommer“.

Franz macht schließlich Schluss mit dem „Mädchenhandel“:

Da möchte Franz doch mal freundschaftlich als Freund zum Freund mit Reinhold reden. Und sagt dann, was er sich überlegt hätte, heut und gestern. Reinhold soll man jetzt die Trude behalten, und wenn sich die Balken biegen. Er soll sich gewöhnen, dann geht et schon. Ein Mensch ist ein Mensch, und ein Weibsstück auch, sonst kann er sich ja eine Hure kaufen für drei Märker, die ist zufrieden, wenn sie gleich weitertraben kann. Aber ein Weibsbild erst einwickeln mit Liebe und Gefühl und dann loofen lassen eine nach der andern, nee.
Reinhold hört sich das auf seine Art an. Er trinkt seinen Kaffee langsam und döst vor sich. Er sagt ruhig, wenn Franz die Trude ihm nicht abnehmen will, dann eben nicht. Ist schon vorher ohne ihn gegangen. Dann haut er ab, hat keene Zeit. (S. 166)

Die „Erziehungsmaßnahme“ scheint zu greifen. Als Franz einige Zeit danach mit seinem Freund Meck in der Kneipe sitzt, freut er sich „mächtig“, „dass Reinhold rankommt“:

Das ist ja sein Erziehungsobjekt, das ist ja sein Zögling, den kann er mal jetzt seinem Freund Meck servieren. Kuck mal an, wie der kommt. Den haben wir am Zügel. Mit seinem Kaffee und der Brause zieht Reinhold an, setzt sich zu ihnen, schnurrt in sich zusammen und stottert ein bisschen. Franz möchte ihm liebend gerne und neugierig auf den Busch klopfen, und Meck solls hören: „Wie gehts denn zu Hause, Reinhold, alles munter?“ – „Na ja, die Trude ist da, man gewöhnt sich.“ Das sagt er so langsam, der tropft wie eine verstopfte Wasserleitung. Na, ist Franz glücklich. Er geht fast in die Höhe, so freut er sich. Das hat er geschafft. Wer denn, als wie icke. Und strahlt seinen Freund Meck an, der ihm Bewunderung nicht versagt. „Was, Meck, wir schaffen Ordnung in der Welt, wir schmeißen das Ding, uns soll einer kommen.“ Franz klopft Reinholden auf die Schulter, die zurückzuckt: „Siehste woll, Junge, zusammennehmen muss man sich, dann geht es in der Welt. Ich sage immer: Zusammennehmen und durchhalten, dann soll einer kommen.“ Und Franz kann sich gar nicht genug freuen über Reinhold. Ein reuiger Sünder ist besser als 999 Gerechte. (S. 173)

1. Erzählen Sie die Szene aus der Sicht Mecks.
2. Wie deuten Sie Franz Biberkopfs Faszination durch Reinhold?

Am Sonntag, dem 28. April 1928, verlässt Franz seine Bude. Er lässt sich vom Bandenchef Pums, den er naiverweise für einen Obsthändler hält, anheuern, „um neue Ware abzuholen" (S.183). Zu den Pums-Leuten gehört auch Reinhold, und der Aussicht, mit ihm zusammenzuarbeiten, kann Franz nicht widerstehen. Zu spät bemerkt er, dass er bei einem Einbruch Schmiere stehen soll. Als er aufbegehrt, wird er von Reinhold brutal zum Weitermachen gezwungen. Auf der Rückfahrt kommt es zu Zwischenfällen:

Und Franz zwischen andere in ein großes Auto verstaut. Reinhold sitzt neben ihm, der presst Franz hart neben sich, das ist der andere Reinhold. Sie fahren drin ohne Licht. „Was drückst du mir", flüstert Franz; kein Messer da.

„Halts Maul, halt die Fresse, Kerl; keiner sagt ein Mucks." Das vordere Auto jagt; der Chauffeur vom zweiten Wagen sieht rechts zurück, gibt Gas, schreit nach rückwärts durch das offene Fenster: Kommt wer nach.

Reinhold steckt den Kopf zum Fenster raus: „Dalli, dalli, um die Ecke." Der Wagen immer nach. Da sieht beim Schein einer Laterne Reinhold Franzens Gesicht: Der strahlt, der hat ein glückliches Gesicht. „Wat lachste, Affe, du bist wohl ganz verrückt." „Kann ick doch lachen, geht dir nischt an." „Dat du lachst?" So ein Tagedieb, ein Achtgroschenjunge. Und plötzlich blitzt es durch Reinhold, woran er die ganze Fahrt nicht gedacht hatte: Das ist der Biberkopf, der ihn hat sitzen lassen, der ihm die Weiber abtreibt, das ist ja bewiesen, dieses freche, dicke Schwein, und dem hab ich auch mal alles erzählt von mir. Plötzlich denkt Reinhold nicht an die Fahrt. [...] Dieser Junge, denkt Reinhold, sitzt dick im Fett, und er denkt woll, das Auto hinten wird uns kriegen, und ich sitze hier, und er hat mir Reden gehalten, das Rindsvieh, von Weibern, und ich soll mir beherrschen.

Franz lacht lautlos weiter, er sieht nach rückwärts durch das kleine Autofenster auf die Straße, ja, das Auto verfolgt sie, sie sind entdeckt; warte, das ist ihre Strafe, und wenn ich selbst bei verschütt gehe, die sollen nicht mit mir umspringen, die Gauner, die Strolche, die Verbrecherbande. [...]

Da hat Reinhold dem Mann ihm gegenüber ein heimliches Zeichen gegeben, im Wagen wechselt Finsternis und Licht, es wird eine Jagd. Heimlich hat Reinhold seine Hand an den Türdrücker dicht neben Franz geschoben. Sie sausen in eine breite Allee ein. Franz sieht noch nach rückwärts. Er wird mit einmal an der Brust gepackt, nach vorn gezerrt. Er will aufstehen, er schlägt in Reinholds Gesicht. Der ist aber grausig stark. Der Wind braust in den Wagen, Schnee fliegt hinein. Franz wird schräg über die Ballen gegen die offene Tür gestoßen, er greift schreiend nach Reinholds Hals. Da fährt ein Stockhieb von der Seite auf seinen Arm. Der Zweite im Wagen versetzt ihm einen schiebenden Stoß gegen die linke Hüfte. Von den Tuchballen herunter wird Franz durch die offene Tür liegend geschoben; er klammert sich mit den Beinen an, woran er kann. Seine Arme halten den Wagentritt umschlungen.

Da trifft ihn ein Stockschlag auf den Hinterkopf. Gebückt über ihm stehend wirft Reinhold den Körper auf die Straße. Die Tür knallt zu. Das Verfolgerauto braust über den Menschen. Die Jagd geht im Schneetreiben weiter. (S. 188 f.)

Franz wird überleben, aber er verliert seinen rechten Arm. Seine alten Freunde Eva und Herbert kümmern sich um ihn, nehmen ihn auf, als er aus der Magdeburger Klinik entlassen ist. Sie wollen wissen, was in jener Aprilnacht passiert ist, Herbert ist dazu entschlossen, mit den Pums-Leuten abzurechnen.

Franz Biberkopf blickt geradeaus, denkt: Das geht mich nichts an, was die sagen. Und wenn die was machen, das geht mich auch nichts an. Davon wächst mir der Arm nicht, und das ist auch ganz richtig, dass der Arm weg ist. Der musste ab, da gibts nichts gegen zu bellen. Und das ist noch nicht das Letzte. (S. 204)

1. Franz zeigt sich verschlossen. Haben Sie eine Erklärung dafür?
2. Gibt es Parallelen zu Biberkopfs Verhalten nach dem Betrug von Lüders?

FRANZ UND MIEZE

Vom sechsten Buch an wird Eva zu einer Art von „Schutzengel" für Franz. Sie war früher einmal seine Freundin und liebt ihn immer noch. Jetzt ist Herbert Wischow ihr Freund und Zuhälter, die beiden haben sich darauf spezialisiert, reiche Freier „auszunehmen". Als Franz sich wieder stark genug fühlt, sucht er ein eigenes Zimmer und beginnt damit, sich durch Hehlerei Geld zu beschaffen, sein neuer Freund, der Anarchist Willi, ist ihm dabei behilflich. Den Vorsatz, anständig zu bleiben, hat Franz aufgegeben. Er trägt, um dem Zugriff der Behörden zu entgehen, falsche Papiere bei sich und legt neuerdings Wert auf ein gepflegtes Äußeres. Eva besorgt ihm eine neue Freundin.

Von diesem Mädchen, das prompt am nächsten Mittag an seine Tür klopft, ist Franz auf den ersten Blick entzückt. Eva hat ihn lecker gemacht, er möchte auch Eva eine Freude tun. Aber die ist auch wirklich schnieke, prima, eins a, so was stand noch nicht drin in seinem Kochbuch. Sie ist eine kleine Person, sieht im weißen leichten Kleidchen mit bloßen Armen wie ein Schulmädchen aus, hat sanfte, langsame Bewegungen, ist unmerklich gleich neben ihm. Sie ist kaum eine halbe Stunde da, da kann er sich das kleine Luder nicht mehr aus seiner Stube wegdenken. Emilie Parsunke heißt sie eigentlich, aber heißen möchte sie lieber Sonja, so hat Eva immer zu ihr gesagt, weil sie so russische Backenknochen hat. „Und Eva", meint das Mädel bettelnd, „Eva heißt ja auch nicht Eva, die heißt auch Emilie wie ich. Hats mir ja selbst gesagt."

Franz schaukelt sie auf seinem Schoß und beguckt sich das zierliche, aber straffe Wunder und staunt, was ihm der liebe Gott für Glück ins Haus schickt. Das geht im Leben rauf und runter, wunderbar. Den Mann, der Eva so getauft hat, kennt er, das war er selbst, sie war sein Mädel vor der Ida, wär er lieber bei Eva geblieben. Na, nu hat er die hier.

Die heißt aber bei ihm bloß einen Tag Sonja, dann bettelt er, er kann so fremde Namen nicht leiden. Wenn sie aus Bernau is, kann sie ja auch anders heißen. Er hätte ja schon viele Mädels gehabt, das kann sie sich ja wohl denken, aber noch keene, die Marie hieß. Sone möchte er gern haben. Da nennt er sie denn nun „sein Miezeken". (S. 229)

1. Gestalten Sie den letzten Abschnitt („dann bettelt er") aus zu einem Dialog zwischen Franz und Mieze.
2. Warum besteht Franz darauf, seiner Freundin einen neuen Namen zu geben?

Das Glück mit Mieze scheint perfekt, bis Franz in der Post einen Liebesbrief entdeckt und von Eva erfährt, dass Mieze heimlich der Prostitution nachgeht, um ihn zu ernähren. Franz ist ungehalten, er fühlt sich hintergangen. Eva schickt ihn zu Mieze, die bei Aschinger auf ihn wartet:

Vor Aschinger an der Seite vor einem Photographenkasten sieht er die kleine Mieze stehn, am Alex. Franz stellt sich auf die andere Seite, vor den Bauzaun, und sieht sie lange von hinten an. Sie geht zur Ecke, Franz verfolgt sie mit den Blicken. Es ist eine Entscheidung, es ist eine Wendung. Seine Füße setzen sich in Bewegung. Er sieht sie an der Ecke im Profil. Wie klein sie ist. Sie hat braune Haferlschuh. Pass auf, jetzt wird sie gleich einer anquatschen. Die kleine stumpfe Nase. Sie sucht. Ja, von drüben bin ich gekommen, von Tietz her, hat mich aber nicht gesehen. Ein Brotwagen von Aschinger steht im Weg. Franz geht am Bauzaun entlang bis zur Ecke, wo die Sandhaufen liegen; sie machen Zement. Jetzt wird sie ihn sehen können, aber sie sieht nicht rüber.

Ein älterer Herr kuckt sie immer an, sie sieht an ihm vorbei, wandert weiter nach Loeser und Wolff zu. Franz geht über den Damm. Er ist immer zehn Schritt hinter ihr und wird in der Entfernung festgehalten. Es ist ein sonniger Julitag, eine Frau bietet ihm einen Strauß Blumen an, er gibt 20 Pfennig und hat die Blumen in der Hand und geht noch nicht näher. Noch

immer nicht. Aber die Blumen riechen schön, sie hat ihm heute welche in die Stube gestellt und einen Kanarienbauer und einen Schnaps.
Da wendet sie. Hat ihn sofort gesehen, er hat Blumen in der Hand, er ist doch gekommen. Und fliegt auf ihn zu, ihr Gesicht glüht, einen Augenblick glüht, flammt es auf, wie sie die Blumen in seiner linken Hand sieht. Dann blasst es ab, es bleiben rote Flecken zurück. In ihm paukt das Herz. Sie fasst ihn unter den Arm, sie gehen über das Trottoir nach der Landsberger Straße rüber und sagen kein Wort. Sie schielt öfter nach den Feldblumen, die er in der Hand hält, aber Franz geht aufrecht mit ihr. Der Autobus 19 donnert vorbei, gelb, zweistöckig, von oben bis unten besetzt, an dem Bauzaun rechts klebt ein altes Plakat. Reichspartei für Gewerbetreibende und Kaufleute, man kommt nicht über den Damm, die Wagen vom Polizeipräsidium her haben grade Durchfahrt. Drüben an der Säule mit ‚Persil' fühlt Franz, dass er noch den Blumenstrauß hat, und will ihn ihr geben. Und während seine Augen auf seine Hand sehen, fragt er sich noch, seufzt es in ihm, es ist noch nicht entschieden: Geb ich ihr die Blumen, geb ich ihr sie nicht? Ida, was hat das mit Ida zu tun, Tegel, ich hab das Mädel so lieb.
Und auf der kleinen Insel mit der Persilsäule muss er ihr die Blumen in die Hand drücken. Sie hat oft bittend zu ihm aufgeblickt, er hat nicht gesprochen, jetzt umklammert sie seinen linken Unterarm und hält seine Hand hoch, drückt sie an ihr Gesicht, das wieder aufflammt. Die Hitze von ihrem Gesicht strömt in ihm. Dann steht sie allein da, lässt den Arm schlaff sinken, ihr Kopf legt sich wie von selbst auf die linke Schulter. Sie haucht Franzen zu, der sie erschrocken um die Hüfte hält. „Nischt, Franz. Lass man." Und sie gehen schräg über den Damm, wo man das Kaufhaus Hahn abreißt, und weiter. Mieze marschiert schon wieder ganz stramm. „Wat stehste denn, Mieze?" Sie presst Franzens Arm: „Ich habe mir so geängstigt vorhin." Sie dreht den Kopf beiseite, die Tränen sind ihr in die Augen geschossen, aber das Mädel kann sehr rasch lachen, bevor er was merkt, es waren schreckliche Stunden.
(S. 234 f.)

Er sieht sie an der Ecke im Profil. Sie hat braune Haferlschuh. Pass auf, gleich wird sie einer anquatschen.

1. Die Kritik hat Döblin eine „filmische Schreibweise" bescheinigt. Machen Sie die Probe aufs Exempel und legen Sie zu dieser Episode ein „Drehbuch" an. Es sollte Angaben über Einstellungen, Bildinhalte, Kamerabewegungen, Dialog und Geräusche enthalten.
2. Was verrät der Verlauf der Aussöhnung über die Beziehung zwischen den beiden?
3. Welche Rolle spielt dabei der Gedanke an Ida?

Etwa in der Mitte des sechsten Buches zieht der Erzähler eine Bilanz:

Auf welcher Höhe steht jetzt unser Franz Biberkopf! Wie gut geht es ihm, wie hat sich alles gewandelt! Er war schon dicht am Tode, wie hat er sich gehoben! Welch sattes Geschöpf ist er jetzt, dem nichts fehlt, nichts am Essen, Trinken, nichts an der Kleidung. Ein Mädel hat er, das ihn glücklich macht, Geld hat er, mehr als er verbraucht, seine ganze Schuld an Herbert hat er schon abgetragen, Herbert, Emil, Eva sind seine Freunde, sie meinen es gut mit ihm. Tagelang sitzt er bei Herbert und Eva herum, erwartet Mieze, fährt zum Müggelsee raus, wo er mit zwei andern zusammen rudert: denn Franz wird von Tag zu Tag geschickter und stärker im linken Arm. Ab und zu horcht er an der Münzstraße, an der Pfandkammer herum.
(S. 236 f.)

1. Lesen Sie den Abschnitt laut vor. Entdecken Sie Anzeichen für Ironie?

DIE HERAUSFORDERUNG

Seit jener verhängnisvollen Aprilnacht hat Franz nichts mehr mit Reinhold zu tun gehabt. Gegen Ende von Buch 6 ist er plötzlich unterwegs zu Reinhold:

Vorwärts, Schritt gefasst, Trommelgerassel und Bataillone

Achtung, Mensch, wenn Granaten kommen, gibts Dreck, vorwärts, Beene hoch, schlankweg durch, ick muss raus, vorwärts, mehr als die Knochen können mir nicht zerschlagen werden, dummbrummdumm, Schritt gefasst, eins zwei, eins zwei, links rechts, links rechts, links rechts.
Da marschiert Franz Biberkopf durch die Straßen, mit festem Schritt, links rechts, links rechts, keine Müdigkeit vorschützen, keine Kneipe, nichts saufen, wir wollen sehen, eine Kugel kam geflogen, das wollen wir sehen, krieg ich sie, liege ich, links rechts, links rechts. Trommelgerassel und Bataillone. Endlich atmet er auf.
Es geht durch Berlin. Wenn die Soldaten durch die Stadt marschieren, eiwarum, eidarum, ei bloß wegen dem Tschingdarada bumdara, ei bloß wegen dem Tschingdarada, dada.
Die Häuser stehen still, der Wind weht, wo er will. Eiwarum, eidarum, ei bloß wegen dem Tschingdaradada. (S. 262)

1. Beschreiben Sie Biberkopfs Stimmung. Mit welchen sprachlichen Mitteln ist sie dargestellt?
2. In seinem Nachwort von 1955 sagt Döblin, sein Franz Biberkopf sei zugleich „Ross und Reiter", er habe „ein rasendes Pferd unter sich". Wie verstehen Sie diese Aussage? Und was trägt sie zum Verständnis dieses Abschnitts bei?
3. Wie könnte Franz auf den Gedanken gekommen sein Reinhold aufzusuchen? Und warum gerade jetzt?

Der überraschte Reinhold greift zunächst zum Revolver, merkt aber dann, dass Franz in friedlicher Absicht gekommen ist. Franz gerät ins Zittern, lässt es sich gefallen, dass Reinhold ihm den leeren Ärmel seiner Jacke ausstopft, und zieht schließlich kleinlaut ab. Zu Hause packt ihn der Katzenjammer:

Derweil sitzt unser Franz Biberkopf, die Kobraschlange, der eiserne Ringer, allein, ganz allein, derweil sitzt der an seinem Fenster, krallt seine Hand um das Fensterbrett und denkt nach, ob es nicht Quatsch, verfluchter Mist ist, dass er auf Reinhold seine Bude gegangen ist, und das soll der Deibel holen, und das ist Quatsch, wenn die Soldaten durch die Stadt marschieren, Quatsch is es, Verbohrtheit, und da muss ich raus, ich muss was anderes machen. Und derweilen denkt er schon, ich mach es doch, ich muss hin, det jeht nicht so weiter, der hat mir blamiert, die Jacke hat er mir ausgestopft, ick kann det keenem Menschen sagen, ist so wat vorgekommen.
Und Franz legt den Kopf fest gegen das Brett und gräbt sich ein und schämt sich, schämt sich bitter: Det mache ick, det hab ick mir gefallen lassen, son Idiot bin ick, ick muss zittern vor dem Kerl. Und die Scham ist so groß und so stark. Franz knirscht, er könnt sich zerreißen, das hab ich nicht gewollt, ich bin doch keen Feigling, wenn ich ooch bloß eenen Arm habe. (S. 267)

1. Erproben Sie an sich selbst die in dieser Passage beschriebenen Körperhaltungen Biberkopfs.
2. Die Passage enthält eine Mischung von „Innensichten" und „Außensichten" der Erzählfigur. Schreiben Sie den Text so um, dass er sich auf eine reine Außensicht beschränkt und als genaue Regieanweisung für einen Schauspieler lesbar ist, der die Episode darstellen soll.
3. Wie drückt sich der innere Kampf in Franz in seiner Körpersprache aus?

Wenig später ist Franz wieder bei Reinhold:

„Juten Abend, Reinhold. Jawoll siehste, da bin ich wieder." Der kuckt Franzen an: „Wer hat dir ringelassen?" „Mir? Keener. Die Tür war offen, bin ich einfach ringekommen." „So, und klingeln kannste nich." „Bei dir werd ich doch nich klingeln, bin doch nich besoffen." Und dann sitzen die beiden gegenüber, rauchen, und Franz Biberkopf zittert nicht und hält sich steif und freut sich, dass er lebt, und das ist der beste Tag, seit er unter den Wagen fiel, und das war das Beste, was er gemacht hat seit damals: Hier zu sitzen, verflucht, das ist schön. Und das ist besser als Versammlungen und beinah besser – besser als die Mieze. Ja, das ist das Schönste von allem: Der schmeißt mir nich um.
Da ist es acht Uhr abends, wo Reinhold Franzen ins Gesicht sieht: „Franz, du weeßt doch, was wir beide miteinander abzumachen haben. Sag mal, willste wat von mir, dann sag es mal ganz offen heraus." „Wat hab ich mit dir abzumachen?" „Mit dem Auto." „Det hat ja keenen Zweck, davon wächst mir der Arm nich wieder. Und dann –" Franz schlägt mit der Faust auf den Tisch: „Dann war es gut. Es ging nicht so weiter mit mir. Det musste mal kommen." Hoho, so weit sind wir, so weit waren wir schon lange. Reinhold sondiert: „Du meenst, mit dem Straßenhandel." „Jawoll, damit ooch. Ick hatt een Vogel im Kopp. Na, nu is er raus." „Und der Arm is ab." „Dann hab ick noch eenen, und dann hab ich noch eenen Kopp und noch zwei Beene." „Wat machste? Drehste alleene Dinger oder mit Herbert?" „Mit een Arm. Da kann ick nischt machen." „Aber weeßte, bloß Lude sein, det is doch zu langweilig." Und Reinhold denkt und kuckt den an, wie der so dick und stark dasitzt: Mit dem Jungen möcht ich spielen. Der setzt sich uff die Hinterbeene. Dem muss man die Knochen knacken. Der eene Arm genügt noch nicht bei dem.
Und sie fangen von Weibern an und Franz erzählt von Mieze, die hieß früher Sonja, die verdient gut und ist ein braves Mädel. Da denkt Reinhold: Das ist schön, die nehme ick ihm weg und dann schmeiß ick ihn ganz und gar in den Dreck. (S. 267 f.)

1. Was erzählt Franz von Mieze? Formulieren Sie einige Sätze im Wortlaut.
2. Reinhold berichtet den Pums-Leuten von Biberkopfs Besuch. Wie könnte er sich äußern?

Nach dem zweiten Besuch bei Reinhold ist Franz wieder ganz obenauf:

Franz ist gewaltig lustig, er hat die Nacht, der Neugeborene, Glückliche, durchgetanzt, erst im Alten Ballhaus, dann im Lokal bei Herbert, und die freuen sich alle mit ihm, er aber mit sich am meisten. Und am innigsten liebt er, während er mit Eva tanzt, liebt er zwei: Die eine ist seine Mieze, die er gern da hätte, der andere ist – Reinhold. Aber er wagt es nicht zu sagen. Die ganze herrliche Nacht, wo er tanzt mit der und jener, liebt er diese beiden, die nicht da sind, und ist glücklich mit ihnen. (S. 269)

1. Welche Gefühle sind in Franzens „Liebe" zu Reinhold enthalten? Stellen Sie eine kleine Liste zusammen.

Der letzte Abschnitt von Buch 6 ist überschrieben mit dem Satz: „Die Faust liegt auf dem Tisch". Und der Erzähler kündigt an:

Jetzt werdet ihr Franz sehen, nicht wie er allein tanzt und sich sättigt und sich seines Lebens freut, sondern im Tanze, im Rasseltanz mit etwas anderm, das soll zeigen, wie stark es ist und wer stärker ist, Franz oder das Andere. (S. 270)

1. Was ist „das Andere"? Suchen Sie nach Begriffen (oder Namen?), die man einsetzen könnte.

Anfang August sind die so genannten Herren Verbrecher noch in Ruhe und in Reservestellung, mit Erholung und Kleinkram beschäftigt.

DAS ENDE

Im 7. Buch schließt sich Franz der Pumsbande an und beteiligt sich an einem Einbruch. Warum er das tut, ist für alle, die ihn kennen, ein Rätsel. Herbert und Eva vermuten, er sei auf der Suche nach einer Gelegenheit sich an Reinhold zu rächen (S. 289: „der hat einen Plan"). Reinhold selbst sträubt sich zunächst gegen Franzens Eintritt in die Bande (S. 279: „der will wat von mir"), findet sich dann aber damit ab: „Komm man ran, an meine Brust, Herzeken. Immer ran, dichte ran, Jungeken, an die Bußbank, bei mir ist ne Bußbank, kannste büßen" (S. 279).

1. Wie deutet Reinhold Franz Biberkopfs Motive?

Reinhold sucht Mieze auf, um sie über Franz auszuhorchen.

Und die kriegt zum ersten Mal den Menschen zu Gesicht. Da ist nichts zu sehen an dem Kerl, Mieze, hast schon recht, sieht nicht schlecht aus, der Junge, ein bisschen traurig, schlapp, auch ein bisschen krank, so gelblich. Aber nicht schlecht.

Aber kuck ihn doch genau an, gib ihm auch dein Händchen und vertiefe dich, tus mal, in sein Gesicht. Das ist ein Gesicht, Miezeken, das wichtiger für dich ist als alle Gesichter, die es sonst gibt, wichtiger als Eva ihres, ja wichtiger sogar als deinem geliebten Franzeken seins. Der kommt nu die Treppe herauf, und es ist ja heut wie alle Tage, Donnerstag, den 3. September, kuck an, du fühlst gar nichts, weißt gar nichts, ahnst nicht dein Geschick. (S. 292)

Reinhold fordert Franz auf, ihm Mieze zu „zeigen" (S. 296). Franz arrangiert daraufhin eine Vorführung: Kurz bevor Mieze nach Hause kommt, fordert er Reinhold auf sich hinterm Vorhang zu verstecken – Reinhold soll mitbekommen, wie zärtlich Mieze mit Franz umgeht.

1. Vergleichen Sie die Vorführung Miezes mit der Vorführung Reinholds (vgl. S. 59). Was ist ähnlich, was anders?

Und wie der nächste Ball ist, wo die Pumpskolonne mit ihren Freunden nach Rahnsdorf macht, geschlossene Gesellschaft, ist eine bei, die keiner kennt …

Es kommt anders. Mieze gesteht Franz, sie habe sich in einen jungen Verehrer verliebt. Franz gerät darüber so in Wut, dass er blindlings auf sie einschlägt und sie, wie seinerzeit Ida, getötet hätte, wäre nicht Reinhold dazwischengegangen. Ausgesöhnt mit Franz beschließt Mieze, ihrerseits Kontakt zur Pumsbande aufzunehmen um herauszukriegen, was Franz vorhat, und ihn zu beschützen.

Mieze hat sich an den Klempner Karl von der Pumskolonne herangemacht, und der vermittelt sie weiter an Reinhold, man verabredet sich zu einem Ausflug nach Freienwalde. Sie gehen spazieren, erst zu dritt, dann Reinhold allein mit Mieze.

Sie marschieren zur Kute. Er sagt: „Leg dir hin." „Ick?" „Wenn du schreist! Mädel, ick hab dir gern, ich wär sonst nicht hergekommen, ich sag dir: Wenn du ooch seine Hure bist, biste noch keine Gräfin. Mach mit mir kein Klamauk, du. Weeßte, det is noch keenem gut bekommen. Da kann er nu Mann oder Frau oder Kind sein, da bin ick kitzlig. Da kannste ja mal bei dein Lude ankloppen. Der kann dir wat erzählen. Wenn er sich nich scheniert, der. Aber von mir kannstet ja ooch hören. Dir kann ichs ja sagen, damit du weißt, wer er ist. Und wo du dran bist, wennste mit mir anfängst. Der wollte ooch mal, wat er hier oben in seine Birne hat. Vielleicht woll ooch uns verpfeifen. Der is mal Schmiere gestanden, wo wir gearbeitet haben. Und er sagt, er macht nicht mit, er is ein anständiger Mensch. Hat keene Bollen in die Strümpfe, der. Da sag ich, du musst mit. Und da muss er mit ins Auto und ich weeß noch nicht, wat ick mit dem Kerl mache, der hat auch schon immer ein großes Maul, und warte mal, da kommt ein Auto hinter uns her und ich denke, nu sieh dir mal vor, mein Junge, du mit deim Dicketun anständig sein gegen uns. Und raus ausm Wagen. Jetzt weeßt ja, wo er sein Arm hat."

Eisige Hände, eisige Füße, der war es. „Jetzt legste dir hin, und bist lieb, wie sich det gehört." Das ist ein Mörder. „Du gemeiner Hund, du Schuft." Er strahlt: „Siehste. Nu schrei dir man aus." Nun wirste parieren. Sie brüllt, sie weint: „Du Hund, den wolltest du umbringen, den haste unglücklich gemacht, und jetzt willste mir haben, du Saukerl." „Ja, det will ick." „Du Saukerl. Dir spuck ick an." Er hält ihr den Mund zu: „Willste nu?" Sie ist blau, zerrt an seiner Hand: „Mörder, Hilfe, Franz, Franzeken, komme." (S. 316)

1. Reinhold wird Mieze erwürgen und mit Hilfe des Klempners verscharren. Wie schätzen Sie sein Verbrechen ein: vorsätzlicher Mord aus niedrigen Motiven oder Totschlag im Affekt?

Im 8. Buch wartet Franz auf Mieze, er versucht ihr Verschwinden vor Reinhold zu verheimlichen. Der Klempner wird bei einem Einbruch geschnappt und belastet Reinhold, von dem er sich verraten fühlt. Miezes Leiche wird gefunden, man fahndet nach Reinhold. Franz erfährt aus der Zeitung von Miezes Ermordung, jagt vergeblich hinter Reinhold her. Bei einer Aushebung schießt er, ohne erkennbaren Anlass, auf einen Polizisten und wird verhaftet.
Im 9. Buch wird Reinhold durch einen Zufall gefasst. Franz ist inzwischen in die Irrenanstalt Buch verbracht worden, weil er jede Nahrung verweigert und nicht mehr spricht. In der Besinnungslosigkeit hört er die Stimme des Todes:

„[…] Als Lüders dich betrog, hab ich zum ersten Mal mit dir gesprochen, du hast getrunken und hast dich – bewahrt! Dein Arm zerbrach, dein Leben war in Gefahr, Franz, gesteh es, du hast in keinem Augenblick an den Tod gedacht, ich schickte dir alles, aber du erkanntest mich nicht, und wenn du mich errietet, du bist immer wilder und entsetzter – vor mir davongerannt. Dir ist nie in den Kopf gekommen, dich zu verwerfen und was du begonnen hast. Du hast dich in Stärke hineingekrampft, und noch immer nicht ist der Krampf verdampft, und es nützt doch nichts, hast selber gefühlt, es nützt doch nichts, es kommt der Augenblick, da nützt es nichts, der Tod singt dir kein sanftes Lied und legt dir kein würgendes Halsband um. Ich bin das Leben und die wahre Kraft, du willst dich endlich, endlich nicht mehr bewahren." (S. 388)

1. Versuchen Sie die Vorwürfe des Todes nach ihrem Gewicht zu ordnen.

Franz wird wieder gesund, aber er ist nicht mehr der Alte. Am Ende des Romans steht er „als Hilfsportier in einer mittleren Fabrik" (S. 409) und nimmt sich vor, in Zukunft kritisch und „wach" zu sein.

DAS OPFER

Kurz bevor Franz im 6. Buch Reinhold aufsucht, fährt er nach Tegel.

Und dann geschieht es, dass die 41 kommt, hält, und Franz steigt ein. Er fühlt, das ist richtig. Abfahrt, und fährt, und die Elektrische fährt ihn nach Tegel. Er bezahlt 20 Pfennig, die Fahrkarte hat er, er fährt nach Tegel, es geht wie geschmiert, es ist eine Sache. Wohl fühlt er sich! Es ist wahr, dass er hinfährt. Brunnenstraße, Uferstraße, Alleen, Reinickendorf, es ist wahr, das gibt es alles, da fährt er hinein, es steht da. Und hier ist es richtig! Und wie er sitzt, wird es immer wahrer, immer strenger, immer gewaltiger. So tief ist die Genugtuung, die er empfindet, so stark, so bezwingend ist die Wohltat, dass Franz sitzt, die Augen schließt und von einem machtvollen Schlaf verschlungen wird. – Die Elektrische hat im Finstern das Rathaus passiert. Berliner Straße, Reinickendorf West, Tegel, Endstation. Der Schaffner weckt ihn, hilft ihm hoch: Weiter gehts nicht. Wo wollten Sie denn hin? Franz torkelt hinaus: „Tegel." – „Na, denn sind Sie da." Der hat aber schwer geladen, so versaufen die Invaliden ihre Rente.

Den Franz hat das gewaltige Schlafbedürfnis so erfasst, dass er auf dem Platz, über den er streicht, hinsegelt auf die erste Bank hinter einer Laterne. Eine Schupostreife weckt ihn, drei Uhr, sie tut ihm nichts, der Mann sieht anständig aus, er hat schwer geladen, aber die können ihn ausplündern. „Sie dürfen hier nicht schlafen, wo wohnen Sie denn?"

Dann hat Franz genug. Er gähnt. Er will in die Baba. Ja, das ist Tegel, wat wollte ick noch hier, wollte ick wat hier, seine Gedanken laufen ineinander, ick muss in die Klappe, weiter gibts da nischt. Traurig döst er: Ja, ja, das ist Tegel, er weiß nicht, was damit ist, ja da hat er mal früher gesessen. Ein Auto. Wat war es noch, wat wollt ich in Tegel. Sie, Sie wecken mir, wenn ick schlafen tu. – Und der gewaltsame Schlaf kommt wieder und reißt ihm die Augen auf und Franz weiß alles. (S. 254 f.)

1. Was „weiß" Franz im Schlaf? Vergleichen Sie dazu folgende Schüler- Formulierungen:
   - Er weiß, dass er hier nichts mehr verloren hat, weil seine Strafe verbüßt ist und er ein neues Leben angefangen hat.
   - Er weiß, dass er eigentlich nach Tegel gehört, dass man vor der Strafe nicht flüchten kann.
   - Er weiß, dass er seine Schuld noch nicht verbüßt hat.

   Welche Antwort überzeugt Sie am meisten?

Der Erzähler nimmt Biberkopfs Fahrt nach Tegel zum Anlass für eine „Montage", er fügt die biblische Erzählung von der Opferung Isaaks ein.

Und da ist ein Gebirge und der alte Mann steht auf und sagt zu seinem Sohn: Komm mit. Komm mit, sagt der alte Mann zu seinem Sohn und geht und der Sohn geht mit, geht hinterdrein ins Gebirge hinein, hinauf, hinunter, Berge, Täler. Wie lange gehts noch, Vater? Das weiß ich nicht, wir gehen bergauf, bergunter, ins Gebirge, komm nur mit. Bist du müde, Kind, magst du nicht mit? Ach, ich bin nicht müde; wenn du willst, dass ich mitkomme, geh ich schon mit. Ja, komm nur. Bergauf, bergab, Täler, es ist ein langer Weg, es ist Mittag, da sind wir. Sieh dich um, mein Sohn, da steht ein Altar. Ich fürcht mich, Vater. Warum fürchtest du dich, Kind? Du hast mich früh geweckt, wir sind rausgegangen, wir haben den Hammel vergessen, den wir schlachten wollten. Ja, den haben wir vergessen. Bergauf, bergab, die langen Täler, das haben wir vergessen, der Hammel ist nicht mitgekommen, da ist der Altar, ich fürchte mich. Ich muss den Mantel ablegen, hast du Furcht, mein Sohn? Ja, ich fürcht mich, Vater. Ich fürcht mich auch, Sohn, komm näher heran, fürcht dich nicht, wir müssen es tun. Was müssen wir tun? Bergauf, bergab, die langen Täler, ich bin so früh aufgestanden. Fürcht dich nicht, Sohn, tu es gern, komm näher heran zu mir, ich hab den Mantel schon abgelegt, ich kann meine Ärmel nicht mehr blutig machen. Ich fürcht mich doch, weil du das

Messer hast. Ja, das Messer hab ich, ich muss dich ja schlachten, ich muss dich opfern, der Herr befiehlt es, tu es gern, mein Sohn.

Nein, ich kann es nicht tun, ich schreie, fass mich nicht an, ich will nicht geschlachtet werden. Jetzt liegst du auf den Knien, schrei doch nicht, mein Sohn. Ja, ich schreie. Schrei nicht; wenn du nicht willst, kann ich es nicht tun, wolle es doch. Bergauf, bergab, warum soll ich nicht mehr nach Hause gehen. Was willst du zu Hause, der Herr ist mehr als zu Hause. Ich kann nicht, doch ich kann, nein ich kann nicht. Rück näher, sieh, ich hab schon das Messer da, blick es an, es ist ganz scharf, es soll an deinen Hals. Soll es durch meine Kehle? Ja. Dann sprudelt das Blut? Ja. Der Herr befiehlt es. Willst du es? Ich kann noch nicht, Vater. Komm doch bald, ich darf dich nicht morden; wenn ich es tue, muss es so sein, als wenn du es selbst tust. Ich selbst tue? Ah. Ja, und keine Furcht haben. Ah. Und das Leben nicht lieben, dein Leben, denn du gibst es für den Herrn hin. Rück näher. Der Herr unser Gott will es? Bergauf, bergab, ich bin so früh aufgestanden. Du willst nicht feige sein? Ich weiß, ich weiß, ich weiß! Was weißt du, mein Sohn? Setz mir das Messer an, warte, ich will meinen Kragen zurückschlagen, der Hals soll ganz frei sein. Du scheinst was zu wissen. Du musst nur wollen und ich muss es wollen, wir werden es beide tun, dann wird der Herr rufen, wir werden ihn rufen hören: Hör auf. Ja; komm her, gib deinen Hals. Da. Ich hab keine Furcht, ich tue es gern. Bergauf, bergab, die langen Täler, da setz das Messer, schneide zu, ich werde nicht schreien. – Und der Sohn legt den Hals zurück, der Vater tritt hinter ihn, drückt ihm auf die Stirn, mit der Rechten führt er das Schlachtmesser vor. Der Sohn will es. Der Herr ruft. Sie fallen beide auf das Gesicht.

Wie ruft die Stimme des Herrn? Hallelujah. Durch die Berge, durch die Täler. Ihr seid mir gehorsam, hallelujah. Ihr sollt leben. Hallelujah. Hör auf, wirf das Messer in den Abgrund. […] (S. 255 f.)

1. Markieren Sie die Beiträge Abrahams und Isaaks zum Dialog mit unterschiedlichen Farben.
2. Vergleichen Sie Döblins Erzählung mit der biblischen Überlieferung (1. Mose 22,1–13). Was hat Döblin geändert?
3. Isaak sagt: „Ich weiß, ich weiß, ich weiß." Was weiß er?
4. Alfred Döblin schreibt 1955 in seinem Nachwort zu einem Neudruck des Romans: „Das innere Thema also lautet: Es heißt opfern, sich selbst zum Opfer bringen." Wie verstehen Sie diese Aussage?

ZWEIERLEI MONTAGE

Die Technik der „Montage", d. h. der Einfügung von „Versatzstücken" in die Erzählung, ist für *Berlin Alexanderplatz* charakteristisch. Sie ist Ihnen auch in anderen Auszügen begegnet, z. B. beim Romaneingang. Dabei lassen sich zwei Extremformen der Montage unterscheiden. – Nachfolgend finden Sie eine paarweise Aufstellung von Merkmalen, die auf die beiden Extremformen der Montage anwendbar sind:

- Fundus der Versatzstücke ist die Großstadt / die biblische Überlieferung. – Die Zeitdimension der Montage ist die Vergangenheit / die Gegenwart.
- Die Funktion der Montage ist Herstellung von Distanz / von Nähe. – Die Versatzstücke sind unbearbeitet und authentisch / vom Erzähler bearbeitet und durch Formung in seine Weltsicht eingepasst.
- Die Versatzstücke sind durch „weite Fugen" vom Kontext abgesetzt / eng mit dem Kontext verwachsen, die „Schnittstellen" sind kaum bemerkbar.
- Die Versatzstücke haben nur für den unmittelbaren Kontext Bedeutung. / Die Bedeutung der Versatzstücke strahlt auf den ganzen Roman aus, es geht um zentrale Motive.

1. Ordnen Sie die Merkmale in Form einer Stichwort-Tabelle den beiden Extremformen der Montage zu.

Von Kafka bis Dada

Es ist alles überaus verwirrend! Jugendstil, Surrealismus, Neue Sachlichkeit, Fin de siècle (auch Décadence genannt), Dadaismus, Expressionismus, Impressionismus, Symbolismus: Nie überlagerten sich so viele Stilrichtungen parallel oder nahezu parallel wie in den Jahren von ca. 1890 bis 1920. Und alles wird noch viel komplizierter dadurch, dass diese Stilrichtungen und Epochen nichts weniger als scharf getrennt sind, und es ist nicht einmal sicher zu entscheiden, wer nun genau welcher Stilrichtung zuzuordnen ist. So werden z. B. sowohl Alfred Lichtenstein als auch Franz Werfel eindeutig als Vertreter des Expressionismus angesehen, obwohl sie als Dichter praktisch keine Gemeinsamkeiten haben. Georg Trakl dagegen gehört für die einen eher zum Symbolismus, für andere ist er einer der typischsten Vertreter des Expressionismus. Und Else Lasker-Schülers Dichtung enthält eigentlich mehr Elemente des Jugendstils als des Expressionismus, doch sie wird eher dem Letzteren zugerechnet, weil sie in sehr engem Kontakt zu zahlreichen Expressionisten stand und die Epoche von daher stark beeinflusste. Alfred Kubin wiederum war Mitglied des *Blauen Reiters*, doch seine Dichtung enthält zahlreiche surrealistische Elemente, obwohl sie zeitlich früher liegt und so eher der Décadence zuzurechnen wäre. Franz Kafka schließlich ist ein genialer Einzelgänger und überhaupt keiner Stilrichtung mit gutem Gewissen zuzuordnen.

Bei aller Nützlichkeit einer griffigen Terminologie: Eine zwanghafte Zuordnung einzelner Dichter zu einer Epoche und damit eine Schablonisierung nützt meist nicht viel und versperrt oft nur den Blick auf wichtige Nuancen der individuellen Schreibformen.

Franz Kafka (1917)

GIB'S AUF! – FRANZ KAFKAS KRYPTISCHE DICHTUNG

Es gibt ein Ziel, aber keinen Weg; was wir Weg nennen, ist Zögern.

Dieser Satz charakterisiert wie kein anderer Kafkas Weltbild. Er zeigt die ganze Hoffnungslosigkeit seiner Dichtung, die immer wieder die Ohnmacht des Einzelnen gegenüber einer feindlichen oder als feindlich empfundenen Umwelt zum Thema hat. Seine Dichtung unternimmt immer wieder den Versuch eines sprachlichen Paradoxons: Sie umkreist etwas letztendlich Unsagbares, ist Ausdruck der Unmöglichkeit, mit Sprache den Dingen, dem Leben, dem Sinn des Weltganzen auf den Grund zu kommen.

Franz Kafka wurde am 3. 7. 1883 als ältestes Kind eines jüdischen Kaufmanns in Prag geboren. Nach dem Besuch des Gymnasiums studierte er in Prag Jura und Germanistik. Nach seinen Staatsprüfungen (1906) promovierte er zum Doktor der Rechtswissenschaften. Von 1908 an arbeitete er für die „Arbeiter-Unfall-Versicherungs-anstalt" in Prag – was für sein Werk insofern von Bedeutung ist, als ihn die Atmosphäre der unmenschlichen, undurchdringlichen Bürokratie zu fantastischen Szenarien inspirierte.

Kafka war zeit seines Lebens von sehr schwacher Gesundheit, und von 1917 an, als eine Lungentuberkulose diagnostiziert wurde, ging es abwärts. Er starb am 11. Juni 1924.

Kafkas Lebensinhalt war das Schreiben. Es war für ihn eine existenzielle Tätigkeit, die er über alles andere stellte. Er löste zweimal eine Verlobung wieder auf, weil er fürchtete, bei einer engeren Bindung nicht mehr schreiben zu können. Andererseits hätte er familiäre Wärme dringend gebraucht, denn gerade daran hatte es ihm sein ganzes Leben lang gefehlt (vor allem sein Verhältnis zu seinem Vater war überaus problematisch), aber er brauchte eben die Abgeschiedenheit zum Schreiben – ein Teufelskreis.

Kafkas Werk und Leben
Kafka und sein Vater
Der Prozess – eine Buchvorstellung

Kafkas Berühmtheit geht zu einem guten Teil auf seine unverwechselbaren Parabeln zurück. Sie können in ihrer Vielschichtigkeit nie ausgedeutet werden, und eine Interpretation, die nicht zur bloßen Spekulation werden will, muss sich zwangsläufig auf eine genaue Textanalyse beschränken und kann allenfalls noch auf verschiedene, im Text angelegte Möglichkeiten weitergehender Deutungsansätze hinweisen – wobei sie sich immer des spekulativen Gehalts dieser Vorgehensweise bewusst sein sollte. Selbst Texte wie der folgende, dessen Aussageabsicht relativ klar zu sein scheint, bieten bei näherem Hinschauen ein breites Spektrum an Deutungsmöglichkeiten:

„Ach“, sagte die Maus, „die Welt wird enger mit jedem Tag. Zuerst war sie so breit, dass ich Angst hatte, ich lief weiter und war glücklich, dass ich endlich rechts und links in der Ferne Mauern sah, aber diese langen Mauern eilen so schnell aufeinander zu, dass ich schon im letzten Zimmer bin, und dort im Winkel steht die Falle, in die ich laufe.“ – „Du musst nur die Laufrichtung ändern“, sagte die Katze und fraß sie.

1. Kafkas Originaltext hatte keinen Titel; erst nach Kafkas Tod fügte sein Freund Max Brod einen an. Welche Überschrift würden Sie dem Text geben?
2. Versuchen Sie die Parabel zeichnerisch umzusetzen. Vergleichen und diskutieren Sie Ihre Ergebnisse.
3. Analysieren Sie die sprachliche und formale Gestaltung von Kafkas Text sehr genau (z. B. Satzbau, Satzformen, Zeichensetzung, Tempusformen und die Wortwahl). Prüfen Sie daraufhin Ihre Zeichnungen noch einmal.
4. Gehen Sie der Frage nach, was die dialogische Struktur der Geschichte bringt. Spricht die Maus von Anfang an zu der Katze oder bemerkt sie diese zunächst gar nicht? – Zu wem könnte sie dann sprechen? Was halten Sie von dem Ratschlag der Katze? Wie verstehen Sie insbesondere das „Nur“ in ihrem Satz?
5. Sammeln und prüfen Sie verschiedene Deutungsmöglichkeiten, ohne sich jedoch auf eine festzulegen.

Gibs auf!

Es war sehr früh am Morgen, die Straßen rein und leer, ich ging zum Bahnhof. Als ich eine Turmuhr mit meiner Uhr verglich, sah ich, dass es schon viel später war, als ich geglaubt hatte, ich musste mich sehr beeilen, der Schrecken über diese Entdeckung ließ mich im Weg unsicher werden, ich kannte mich in dieser Stadt noch nicht sehr gut aus, glücklicherweise war ein Schutzmann in der Nähe, ich lief zu ihm und fragte ihn atemlos nach dem Weg. Er lächelte und sagte: „Von mir willst du den Weg erfahren?“ „Ja“, sagte ich, „da ich ihn selbst nicht finden kann.“ „Gibs auf, gibs auf“, sagte er und wandte sich mit einem großen Schwunge ab, so wie Leute, die mit ihrem Lachen allein sein wollen.

1. Entwerfen Sie eine Stimmungskurve des Ich-Erzählers; versehen Sie dabei jeweils die markanten Punkte mit Textbelegen.
2. Wie viele Textteile erkennen Sie? – Geben Sie diesen Teilen eine Überschrift und vergleichen Sie den Text *Gibs auf* mit obiger Parabel.
3. Untersuchen Sie den Text nach den gleichen Kriterien wie den obigen. Deuten Sie dabei auch einzelne Motive, z. B. die „Turmuhr“, den „Schutzmann“ und den „Bahnhof“.
4. Von dieser Parabel gibt es zahlreiche, z. T. sehr unterschiedliche Deutungen. Wie würden Sie die Parabel verfilmen? – Sie können, wenn Sie wollen, sehr frei mit dem Text umgehen. Wichtig ist nur, dass Sie Ihr subjektives Verständnis filmisch umsetzen.
5. Betrachten Sie das auf dieser Seite als Wasserzeichen hinterlegte Bild von Giorgio Chirico. Inwiefern passt es zur Thematik der beiden Parabeln?

Einigen Literaturwissenschaftlern zufolge hat sich Kafka von einem Gemälde zu einer Parabel über eine Zirkusreiterin inspirieren lassen. Im Folgenden werden Ihnen vier verschiedene Gemälde und zwei Textversionen angeboten:

Auf der Galerie (1. Version)

Wenn irgendeine hinfällige, lungensüchtige Kunstreiterin in der Manege auf schwankendem Pferd vor einem unermüdlichen Publikum vom peitschenschwingenden erbarmungslosen Chef monatelang ohne Unterbrechung im Kreise rundum getrieben würde, auf dem Pferde schwirrend, Küsse werfend, in der Taille sich wiegend, und wenn dieses Spiel unter dem nicht aussetzenden Brausen des Orchesters und der Ventilatoren in die immerfort weiter sich öffnende graue Zukunft sich fortsetzte, begleitet vom vergehenden und neu anschwellenden Beifallsklatschen der Hände, die eigentlich Dampfhämmer sind – vielleicht eilte dann ein junger Galeriebesucher die lange Treppe durch alle Ränge hinab, stürzte in die Manege, riefe das: Halt! durch die Fanfaren des immer sich anpassenden Orchesters.
Da es aber nicht so ist; eine schöne Dame, weiß und rot, hereinfliegt, zwischen den Vorhängen, welche die stolzen Livrierten vor ihr öffnen; der Direktor, hingebungsvoll ihre Augen suchend, in Tierhaltung ihr entgegenatmet; vorsorglich sie auf den Apfelschimmel hebt, als wäre sie seine über alles geliebte Enkelin, die sich auf gefährliche Fahrt begibt; sich nicht entschließen kann, das Peitschenzeichen zu geben; schließlich in Selbstüberwindung es knallend gibt; neben dem Pferde mit offenem Munde einherläuft; die Sprünge der Reiterin scharfen Blickes verfolgt; ihre Kunstfertigkeit kaum begreifen kann; mit englischen Ausrufen zu warnen versucht; die reifenhaltenden Reitknechte wütend zu peinlichster Achtsamkeit ermahnt; vor dem großen Salto mortale das Orchester mit aufgehobenen Händen beschwört, es möge schweigen; schließlich die Kleine vom zitternden Pferde hebt, auf beide Backen küsst und keine Huldigung des Publikums für genügend erachtet; während sie selbst, von ihm gestützt, hoch auf den Fußspitzen, vom Staub umweht, mit ausgebreiteten Armen, zurückgelehntem Köpfchen ihr Glück mit dem ganzen Zirkus teilen will – da dies so ist, legt der Galeriebesucher das Gesicht auf die Brüstung und, im Schlussmarsch wie in einem schweren Traum versinkend, weint er, ohne es zu wissen.

C. Felixmüller: Zirkusreiterin (1921)

H. Toulouse-Lautrec: Die Zirkusreiterin (1899)

Auf der Galerie (2. Version)

Wenn irgendeine schöne Dame, weiß und rot, hereinflöge, zwischen den Vorhängen, welche die stolzen Livrierten vor ihr öffneten; wenn der Direktor, hingebungsvoll ihre Augen suchend, in Tierhaltung ihr entgegenatmete; vorsorglich sie auf den Apfelschimmel hübe, als wäre sie seine über alles geliebte Enkelin, die sich auf gefährliche Fahrt begibt; sich nicht entschließen könnte, das Peitschenzeichen zu geben; schließlich in Selbstüberwindung es knallend gäbe; neben dem Pferde mit offenem Munde einherliefe; die Sprünge der Reiterin scharfen Blickes verfolgte; ihre Kunstfertigkeit kaum begreifen könnte; mit englischen Ausrufen zu warnen versuchte; die reifenhaltenden Reitknechte wütend zu peinlichster Achtsamkeit ermahnte; vor dem großen Salto mortale das Orchester mit aufgehobenen Händen beschwörte, es möge schweigen; schließlich die Kleine vom zitternden Pferde hübe, auf beide Backen küsste und keine Huldigung des Publikums für genügend erachtete; während sie selbst, von ihm gestützt, hoch auf den Fußspitzen, vom Staub umweht, mit ausgebreiteten Armen, zurückgelehntem Köpfchen ihr Glück mit dem ganzen Zirkus teilen wollte – vielleicht eilte dann ein junger Galeriebesucher die lange Treppe durch alle Ränge hinab, stürzte in die Manege, riefe das: Halt! durch die Fanfaren des immer sich anpassenden Orchesters.

Da es aber nicht so ist; eine hinfällige, lungensüchtige Kunstreiterin in der Manege auf schwankendem Pferd vor einem unermüdlichen Publikum vom peitschenschwingenden erbarmungslosen Chef monatelang ohne Unterbrechung im Kreise rundum getrieben wird, auf dem Pferde schwirrend, Küsse werfend, in der Taille sich wiegend, und dieses Spiel unter dem nicht aussetzenden Brausen des Orchesters und der Ventilatoren in die immerfort weiter sich öffnende graue Zukunft sich fortsetzt, begleitet vom vergehenden und neu anschwellenden Beifallsklatschen der Hände, die eigentlich Dampfhämmer sind – da dies so ist, legt der Galeriebesucher das Gesicht auf die Brüstung und, im Schlussmarsch wie in einem schweren Traum versinkend, weint er, ohne es zu wissen.

1. Welcher Text ist wohl das Original, welcher die Fälschung? – Prüfen Sie die Unterschiede und begründen Sie Ihre Meinung.
2. „All the world is a stage." – Inwiefern könnte dieser Satz Shakespeares erhellend sein für die Analyse der Parabel? Wofür könnte die Manege stehen? Beachten Sie in diesem Zusammenhang auch die Position und das Verhalten des „Galeriebesuchers". Wie ist sein potenzielles, wie sein tatsächliches Handeln in beiden Versionen zu erklären? Aus welcher Perspektive sieht er das Geschehen?
3. Schauen Sie nun im Lösungsteil nach.
4. Welches der vier Gemälde passt Ihrer Ansicht nach am besten zu Kafkas Text?

E. L. Kirchner: Zirkusreiterin (1912)

G. Seurat: Der Zirkus (1891)

Die berühmte Parabel *Eine Kaiserliche Botschaft* wurde 1919 in der Unabhängigen jüdischen Wochenschrift *Selbstwehr* veröffentlicht. Kafka hatte sie schon zwei Jahre vorher anlässlich seiner – Fragment gebliebenen – Erzählung *Beim Bau der Chinesischen Mauer* verfasst. Betrachtet man sie in diesem Kontext, so muss ergänzt werden, dass dort das „Kaisertum" als eine höchst dubiose „Einrichtung" bezeichnet wird, ja, es wird nicht einmal ausgeschlossen, dass es gar keinen Kaiser gibt. Es herrscht der Zweifel …

Eine kaiserliche Botschaft

Der Kaiser – so heißt es – hat dir, dem Einzelnen, dem jämmerlichen Untertanen, dem winzig vor der kaiserlichen Sonne in die fernste Ferne geflüchteten Schatten, gerade dir hat der Kaiser von seinem Sterbebett aus eine Botschaft gesendet. Den Boten hat er beim Bett niederknien lassen und ihm die Botschaft ins Ohr geflüstert; so sehr war ihm an ihr gelegen, dass er sich sie noch ins Ohr wiedersagen ließ. Durch Kopfnicken hat er die Richtigkeit des Gesagten bestätigt. Und vor der ganzen Zuschauerschaft seines Todes – alle hindernden Wände werden niedergebrochen und auf den weit und hoch sich schwingenden Freitreppen stehen im Ring die Großen des Reichs –, vor allen diesen hat er den Boten abgefertigt. Der Bote hat sich gleich auf den Weg gemacht; ein kräftiger, ein unermüdlicher Mann; einmal diesen, einmal den andern Arm vorstreckend schafft er sich Bahn durch die Menge; findet er Widerstand, zeigt er auf die Brust, wo das Zeichen der Sonne ist; er kommt auch leicht vorwärts, wie kein anderer. Aber die Menge ist so groß; ihre Wohnstätten nehmen kein Ende. Öffnete sich freies Feld, wie würde er fliegen und bald wohl hörtest du das herrliche Schlagen seiner Fäuste an deiner Tür. Aber stattdessen, wie nutzlos müht er sich ab; immer noch zwängt er sich durch die Gemächer des innersten Palastes; niemals wird er sie überwinden; und gelänge ihm dies, nichts wäre gewonnen; die Treppen hinab müsste er sich kämpfen; und gelänge ihm dies, nichts wäre gewonnen; die Höfe wären zu durchmessen; und nach den Höfen der zweite umschließende Palast; und wieder Treppen und Höfe; und wieder ein Palast; und so weiter durch Jahrtausende; und stürzte er endlich aus dem äußersten Tor – aber niemals, niemals kann es geschehen –, liegt erst die Residenzstadt vor ihm, die Mitte der Welt, hochgeschüttet voll ihres Bodensatzes. Niemand dringt hier durch und gar mit der Botschaft eines Toten. – Du aber sitzt an deinem Fenster und erträumst sie dir, wenn der Abend kommt.

1. Formulieren Sie die – kafkaeske – Botschaft des Kaisers …
2. Was könnte als Zentralbegriff über der Parabel stehen: Verheißung, Hoffnung, Enttäuschung, Betrug, Erlösung, Auserwähltheit, Untergang, Hoffnungslosigkeit, Absurdität, Lebensabend …? – Finden Sie eigene, besser passende Begriffe?
3. Untersuchen Sie die Gestaltung von Raum und Zeit in der Parabel sowie Kafkas Verwendung des Indikativs und des Konjunktivs. Sehen Sie Parallelen zu den anderen Parabeln dieser kleinen Auswahl?
4. Spekulieren Sie über die folgenden Fragen, legen Sie sich aber nicht fest: Wer ist der „Kaiser"? Wofür steht die Sonne? Was bedeutet es, dass der Kaiser im Sterben liegt? Wer ist das „Du"? Warum gibt es für den Boten kein Durchkommen, welche Hindernisse muss er überwinden? Was ist mit dem heraufbrechenden Abend gemeint? Oder ist überhaupt alles nur ein Gerücht?
5. Man schreibt das Jahr 1983. Zu Kafkas 100-jährigem Geburtstag will die Deutsche Bundespost eine Gedenkbriefmarke herausbringen. Sie haben die Aufgabe, diese Briefmarke als Kafka-Sachverständige(r) einer kritischen Prüfung zu unterziehen.
Verfassen Sie das Kurz-Gutachten.

EINBILDUNGEN ALS REALITÄTEN – ALFRED KUBIN

Alfred Kubin war Mitarbeiter des *Blauen Reiters** und ist gemeinhin als Zeichner und Maler bekannt. Sein literarisches Werk ist dagegen eher unbekannt, mit Ausnahme des Romans *Die andere Seite* von 1909. Dieses Werk nimmt visionär Gewalt und Untergang des kommenden Jahrzehnts vorweg. Es spielt an einem trüben Ort, genannt „Traumreich". Alles dort ist nebulös, unheimlich, alptraumhaft. Die Menschen sind abnorm, sind überzeichnete Vertreter der Zeit vor dem Expressionismus, der so genannten Décadence. Sie sind morbide, hinfällige Gestalten, manchmal den Romanfiguren Kafkas vergleichbar. Der Erzähler bringt es auf den Punkt: „Hier waren Einbildungen einfach Realitäten." Die Wirkung seiner sprachlichen Bilder unterstrich Kubin mit einer Reihe von Illustrationen zu Szenen des Romans, wie in dem folgende Beispiel.

*vgl. S. 40

Um der Ursache eines seltsamen Geräusches nachzugehen, dringt der Erzähler in eine hinter seinem Haus gelegene Molkerei ein und findet den Ausgang nicht mehr ...

A. Kubin: Illustration zum Roman *Die andere Seite*

Ich verirrte mich und gelangte in einen augenscheinlich ganz unbenutzten Teil des Souterrains. Die gewölbte Decke war niedrig und rostige Eisenketten hingen an schweren Haken herab. Man konnte kaum noch sehen, der schlüpfrige Boden schien sich etwas zu senken. Auf einmal stolperte ich über ein paar glitschige Stufen und stand nun gänzlich im Dunkeln. Tiefe Nacht und eisige Kellerluft – oben hörte ich irgendwo eine Türe fallen! Gottlob, ich hatte ein paar Wachsstreichhölzer bei mir. – Da vernahm ich mit einem Male von weit, weit her ein Geräusch. Es klang wie entferntes Hämmern, wurde aber mit unheimlicher Schnelligkeit immer deutlicher. Beim Schein eines Streichholzes sah ich, dass ich mich in einem Gang befand. Mich packte tödliche Angst. „Fort von hier – nur fort von hier!" war mein einziger Gedanke. Ich rannte und stieß manches Mal mit dem Schädel an die triefenden Wände. Hinter mir jedoch schwoll das Tosen – ein furchtbares, taktmäßiges Dröhnen wie ein Galopp. Meine Lichtchen wurden immer weniger, die feuchte Luft ließ keine Flamme aufkommen. Der Schall kam näher, ich wurde augenscheinlich verfolgt. Jetzt konnte ich deutlich ein Ächzen und Blasen unterscheiden. Das schnitt mir derartig ins Mark, dass ich glaubte wahnsinnig zu werden. Wie gepeitscht stürzte ich weiter, doch da verließ mich die Kraft und der Ohnmacht nahe fiel ich auf die Knie. Hilflos hielt ich meine Hände der anstürmenden Gefahr entgegen, auf dem Boden flackerten meine letzten Streichhölzer. Da tobte es auch schon heran – ein kalter Wind erfasste mich, ich erblickte ein weißes, abgemagertes Pferd. Obwohl ich es nur unscharf sah, bemerkte ich doch seinen entsetzlichen Zustand. Die große Mähre war fast verhungert und schleuderte mit verzweifelter Kraft ihre riesigen Hufe. Den knochigen Schädel weit vorgestreckt, die Ohren rückwärts angelegt, so jagte dieses Tier an mir vorüber. Sein trübes, glanzloses Auge traf mich – es war blind. Ich hörte das Knirschen seiner Zähne, und als ich ihm aufschaudernd nachblickte, sah ich sein zerschundenes, blutiges Hinterteil glänzen. Der rasende Galopp dieses lebenden Skeletts kannte kein Einhalten. Ich tastete mich weiter, während das Dröhnen verhallte, gequält von dem Anblick dieser schrecklichen Knochen. Bald erblickte ich in der Ferne eine rettende Gasflamme. Nur verschwommen konnte ich sie sehen, denn ein Nervenschock packte mich. Meine Zunge wurde starr und mein Körper wie Stein. Als der Anfall vorüber war, schleppte ich mich dem Lichte entgegen. – Eine Stiege tauchte auf – noch ein Licht. Dann hörte ich Menschen und betrat einen bekannten Raum. – Ich befand mich im Kaffeehaus.

1. Eine unheimliche Begegnung – Sie verirren sich und gelangen in einen augenscheinlich ganz unbenutzten Teil des Schulhauses.

DAS GANZ NORMALE CHAOS – DADA

Zürich, 1916: Im „Cabaret Voltaire", einer Künstlerkneipe, gestalten vier Avantgardekünstler Abend für Abend ein buntes Programm: Hugo Ball, der Organisator, Hans Arp, Tristan Tzara und Richard Huelsenbeck. Diese Männer rufen im Mai 1916 die Geburtsstunde des „DADA" aus, einer Kunstrichtung, die zunächst einfach provozieren wollte:

Das Wort Dada symbolisiert das primitivste Verhältnis zur umgebenden Wirklichkeit, mit dem Dadaismus tritt eine neue Wirklichkeit in ihre Rechte. Das Leben erscheint als ein simultanes Gewirr von Geräuschen, Farben und geistigen Rhythmen, das in die dadaistische Kunst unbeirrt mit allen sensationellen Schreien und Fiebern seiner verwegenen Alltagspsyche und seiner gesamten brutalen Realität übernommen wird. […] Der Dadaismus steht zum ersten Mal dem Leben nicht mehr ästhetisch gegenüber, indem er alle Schlagworte von Ethik, Kultur und Innerlichkeit, die nur Mäntel für schwache Muskeln sind, in seine Bestandteile zerfetzt.

Die Dadaisten protestierten gegen eine bürgerliche Ästhetik, die glaubt, in einer Zeit wie der von ihnen erlebten noch Kunst produzieren zu können. Hans Arp formuliert diese Kulturkritik so:

Der Dadaismus hat die schönen Künste überfallen. Er hat die Kunst für einen magischen Stuhlgang erklärt […]. Der Dadaismus hat das Bejahen und Verneinen bis zum Nonsens geführt.

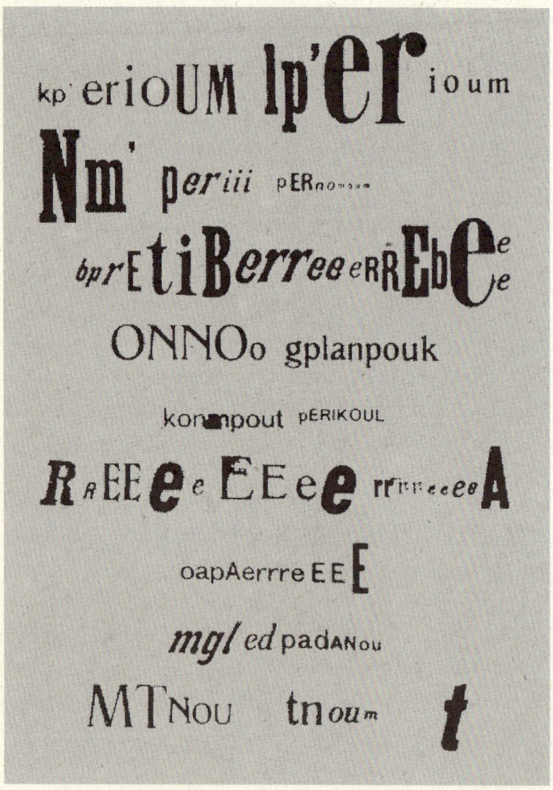

Raoul Hausmann: kp'erioum

So entstanden „anti-künstlerische" Werke, groteske Fotomontagen oder Textcollagen, in denen z. B. verschiedene zeitgenössische Gedichte simultan oder lautmalerisch überformt vorgelesen wurden. Daneben waren so genannte „phonetische Plakate" sehr beliebt, wie das nebenstehende „optophonetische Gedicht" von 1919, in dem sein Verfasser verschieden große und magere oder fette Buchstaben wählte, um so den Eindruck einer „akustischen" Schreibweise hervorzurufen. In diesem Zusammenhang muss auch der Name der Richtung selbst verstanden werden: Dada bezeichnet im Deutschen das naive Gestammel des Kleinkindes, im Französischen ein Stecken- oder Schaukelpferdchen. In beiden Sprachen wird damit die Nähe des Dada zum Einfachen, Kindlichen, aber auch zu einer anti-bürgerlichen, anti-rationalen Protesthaltung betont.

Als zu Beginn der 20er Jahre mit dem Rundfunk das Zeitalter der elektronischen Medien begann, ließ das Interesse am Dada schnell nach und die Bewegung fand ein recht rasches Ende.

Ganz im Gegensatz dazu steht die Bedeutung des Dadaismus für die moderne deutsche Literatur. Der Dada war gewissermaßen das erste Beispiel für die sprachliche Abstraktion, für zu Bild bzw. Schrift gewordene Laute, und war Vorreiter einer Bewegung, die Sprache nicht nur als Träger von Informationen und Gefühlen verstand, sondern auch als Spielmaterial. Die „konkrete Poesie" unserer Gegenwart ist ohne den „Dada" ebenso wenig vorstellbar wie die Pop-Art der 60er Jahre. Auch für den Surrealismus in Kunst und Literatur lieferte der Dadaismus wichtige Impulse.

1. Lesen Sie das Gedicht Hausmanns mehrstimmig. Probieren Sie mehrere Arten der Choreografie aus und experimentieren Sie auch mit Aussprache und Lautstärke. Dabei können Sie Teile des Gedichts auch beliebig oft reproduzieren.

Das Ende des Korsetts

Das Korsett* kennzeichnet geradezu idealtypisch die Situation der Frau aus gehobenen bürgerlichen Schichten zur Zeit der Jahrhundertwende. Einem Diktat der Mode gehorchend folgt die Frau den scheinbaren Idealvorstellungen des Mannes – und zwar durchaus nicht nur hinsichtlich der Mode, sondern in jeder Beziehung. Noch immer ist sie weitgehend das Eigentum des Gatten. Den von ihm auferlegten Zwängen kann sich eine Frau kaum entziehen, denn das Scheidungsrecht macht große Unterschiede zwischen den Geschlechtern und geschiedene Frauen sind gesellschaftlich geächtet. Der Mann ist Patriarch, die Bestimmung der Frau ist es, Kinder zu bekommen und die Familie zu versorgen. Liebesheiraten sind die Ausnahme. Beruflich haben die Frauen nicht viele Möglichkeiten, denn die wenigsten genießen eine höhere Schulausbildung oder gehen gar zur Universität. Das mit dem Studium verbundene scharfe Denken, so heißt es, führe leicht zu Haarausfall und sei schon von daher nicht für Frauen geeignet. So ist es nicht verwunderlich, dass es nur wenigen Frauen gelingt, sich dieser Diktatur der Männerwelt zu entziehen. Die Nobelpreisträgerinnen Marie Curie und Bertha von Suttner sowie die Physikerin Lise Meitner, die mit Max Planck und Otto Hahn zusammenarbeitete, und schließlich die sozialistische Humanistin Rosa Luxemburg sind berühmte Ausnahmen der Zeit. Das Leben der letzteren sei beispielhaft in ganz knapper Form umrissen:

* auch „Schnürleib" genannt, dessen stählerne Streben durch Zugbänder so fest wie möglich gezurrt werden, um dem Schönheitsideal der „Wespentaille" zu genügen. Als Ideal galt ein Taillenumfang von ca. 48 cm.

Rosa Luxemburg (1871–1919), eine polnische Jüdin, wurde schon sehr früh in der Politik aktiv. 1889 musste sie sich der drohenden Inhaftierung durch eine Flucht in die Schweiz entziehen, wo sie Nationalökonomie studierte und über die industrielle Entwicklung Polens promovierte. 1898 ging sie nach Deutschland, wo sie durch Heirat die deutsche Staatsbürgerschaft erwarb. Als Dozentin an der zentralen Parteischule der SPD litt sie sehr unter der Kriegspolitik ihrer Partei, denn sie war eine kompromisslose Kriegsgegnerin. Zusammen mit dem Sozialisten Karl Liebknecht scharte sie in Berlin ein Häufchen Gleichgesinnter um sich und gründete mit dem Ausbruch des Ersten Weltkriegs eine revolutionäre Gruppe von Kriegsgegnern innerhalb der SPD, den Spartakusbund. Ihre heftige Opposition gegen den Krieg brachte ihr Gefängnis und „Schutzhaft" ein. Erst nach dem Ersten Weltkrieg kam sie wieder frei. Dann versuchte sie den Spartakusbund in eine Kommunistische Partei Deutschlands (KPD) überzuführen. Gegen ihren Willen unternahmen die Spartakisten einen Aufstand gegen die Regierung, der jedoch fehlschlug. Zusammen mit Karl Liebknecht wurde sie am 15.1.1919 von Regierungstruppen festgenommen und brutal ermordet. Ihr verwester Körper wurde erst am 31. Mai in Berlin an einer Schleuse angeschwemmt und aus dem Landwehrkanal geborgen – was Bertolt Brecht zu seinem Gedicht *Vom ertrunkenen Mädchen* veranlasste, einer Ballade in der Tradition der Ophelia*.

Bertolt Brecht

Vom ertrunkenen Mädchen

Als sie ertrunken war und hinunterschwamm
Von den Bächen in die größeren Flüsse
Schien der Opal des Himmels sehr wundersam
Als ob er die Leiche begütigen müsse.

Tang und Algen hielten sich an ihr ein
So daß sie langsam viel schwerer ward.
Kühl die Fische schwammen an ihrem Bein
Pflanzen und Tiere beschwerten noch ihre letzte Fahrt.

Und der Himmel ward abends dunkel wie Rauch
Und hielt nachts mit den Sternen das Licht in Schwebe.
Aber früh war er hell, daß es auch
Noch für sie Morgen und Abend gebe.

Als ihr bleicher Leib im Wasser verfaulet war
Geschah es (sehr langsam), daß Gott sie allmählich vergaß
Erst ihr Gesicht, dann die Hände und ganz zuletzt erst ihr Haar.
Dann ward sie Aas in Flüssen mit vielem Aas. R

(1919)

* vgl. S. 16 ff.

1. Die erste Fassung von Brechts Gedicht beginnt mit den Worten: „Als sie erschlagen war …" Können Sie sich vorstellen, warum Brecht diese Zeile veränderte?

Sicherlich waren Frauen wie Rosa Luxemburg die große Ausnahme. Und doch beginnt sich bereits im ersten Jahrzehnt des neuen Jahrhunderts ein grundlegender Wandel abzuzeichnen.

Befördert wird der gesellschaftliche Wandel zu Beginn des Jahrhunderts auch durch drei Erfindungen: zum einen durch das niedrige Fahrrad, das auch für Frauen geeignet war. Diese mussten dann – zwangsläufig – zum Radfahren bequemere Kleidung tragen, wodurch eine Art „Rad-Mode" entstand. Davon abgesehen machte das Rad die Frauen wesentlich flexibler und – z. B. bei der Suche nach einer Erwerbstätigkeit – ungebundener. Zweitens sorgte die Erfindung des Telefons dafür, dass für Töchter aus besseren Kreisen nicht nur ein hauswirtschaftlicher Beruf für eine ehrbare Zukunft und angemessene Tätigkeit in Frage kam, sondern auch die Tätigkeit als „Fräulein vom Amt". Und schließlich wurden mit der Entwicklung besserer Schreibmaschinen und Bürogeräte im Zuge der rasch expandierenden Wirtschaft z. B. viele tausend Stenotypistinnen gebraucht, sodass von nun an ein bürgerliches Mädchen durchaus auf eigenen Beinen stehen und sich selbst versorgen konnte, ohne von einem konservativen Ehegatten abhängig zu sein. Dies förderte das Selbstbewusstsein der jungen bürgerlichen Frauen ungemein.

Einen weiteren Meilenstein in der Geschichte der Emanzipation der Frau setzen die Suffragetten in England, besonders in London, eine aktive Frauenrechtsbewegung um Emmeline Pankhurst. Die Gruppe macht mit spektakulären Aktionen – bis hin zum demonstrativen Selbstmord – auf die Situation der Frau aufmerksam und gewinnt Hunderttausende von Frauen, sich für ihre Anliegen aktiv einzusetzen.

Eine scharfe Zäsur in diesem Kampf um Emanzipation setzt in ganz Europa der Erste Weltkrieg. Der Krieg verändert alles, und da die Frauen aller beteiligten Nationen eine ganz wesentliche Rolle im Krieg spielen, können ihnen nach dem Krieg Bürgerrechte wie z. B. das Wahlrecht nicht mehr vorenthalten werden.

Die 20er Jahre sehen eine neue Generation der jungen, selbstbewussten Frau, die ihr Korsett in mehr als nur einer Hinsicht abgelegt hat. Verdeutlicht wird dies durch einen Blick auf eine Übersicht, die die Entwicklung der Berufstätigkeit von Frauen beschreibt:

weibliche Angestellte	1895	1907	1907 mehr als 1895 Anzahl	(v. H.)	von 100 insgesamt sind 1907 weiblich
Handelsgewerbe					
a) Kontoristinnen	8 044	48 609	40 565	(504)	32,9
b) Verkäuferinnen	81 847	173 611	91 764	(112)	
Post, Eisenbahn	2 774	22 918	20 144	(726)	15,1
Bekleidungsgewerbe	3 827	20 194	16 367	(428)	42,5
Landwirtschaft	18 057	15 996	-2 061	(-11)	20,9
Spinnstoffgewerbe	1 523	7 542	6 019	(395)	9,8
Maschinen, Instrumente	390	7 281	6 891	(1 767)	6,1
Nahrungsmittel	942	6 325	5 385	(571)	9,2
Metallverarbeitung	414	3 951	3 537	(854)	8,2
Versicherung					
a) Kontoristinnen	455	3 359	2 904	(638)	7,8
b) Verkäuferinnen	3	16	13	(433)	3,2
Gastwirtschaft	636	3 122	2 486	(391)	49,6

Entwicklung der Berufstätigkeit der Frau

1. Interpretieren Sie die tabellarische Übersicht und fassen Sie die wichtigsten Faktoren in möglichst prägnanter Form zusammen.
2. Informieren Sie sich noch genauer über die Situation der Frau zu Beginn des 20. Jahrhunderts (s. Literaturverzeichnis).

Biografien von:
Rosa Luxemburg
Marie Curie
Bertha von Suttner
Lise Meitner
Die Suffragetten um Emmeline Pankhurst

Dies alles kann und soll nicht darüber hinwegtäuschen, dass die Emanzipation freilich noch lange nicht die Qualität unserer heutigen Zeit erreicht hatte. Noch immer galten zahlreiche ungeschriebene Gesetze, noch immer war es für Frauen sehr viel schwerer als für Männer, sich über gesellschaftliche Tabus hinwegzusetzen. Eine Frau, die dies wohl mehr als alle andern getan hat, war Else Lasker-Schüler.

ES POCHT EINE SEHNSUCHT AN DIE WELT – ELSE LASKER-SCHÜLER

Sie war klein, damals knabenhaft schlank, hatte pechschwarze Haare, kurz geschnitten, was zu der Zeit noch selten war, große rabenschwarze bewegliche Augen mit einem ausweichenden unerklärlichen Blick. Man konnte weder damals noch später mit ihr über die Straße gehen, ohne daß alle Welt stillstand und ihr nachsah: extravagante weite Röcke oder Hosen, unmögliche Obergewänder, Hals und Arme behängt mit auffallendem, unechtem Schmuck, Ketten, Ohrringen, Talmiringe an den Fingern, und da sie sich unaufhörlich die Haarsträhnen aus der Stirn strich, waren diese, man muß schon sagen: Dienstmädchenringe immer in aller Blickpunkt. Sie aß nie regelmäßig, sie aß sehr wenig, oft lebte sie wochenlang von Nüssen und Obst. Sie schlief oft auf Bänken, und sie war immer arm in allen Lebenslagen und zu allen Zeiten. R

(Gottfried Benn)

Lithografie von Rochus Gliese (1919)

Ich bin in Theben (Ägypten) geboren, wenn ich auch in Elberfeld zur Welt kam im Rheinland. Ich ging bis 11 Jahre zur Schule, wurde Robinson, lebte fünf Jahre im Morgenlande, und seitdem vegetiere ich.

1869 in Wuppertal-Elberfeld geboren – 1945 in Jerusalem gestorben – Jüdin – aus wohlhabendem, großbürgerlichem Elternhaus stammend – Hunger, Obdachlosigkeit und Krankheit – zweimal verheiratet, zweimal geschieden – Mutter eines unehelichen Sohnes – von ihren Maler- und Schriftstellerfreunden bewundert – sonst als exzentrisch und verrückt abgewertet – Doppelbegabung: Dichterin (Lyrik und Drama) und Künstlerin (wichtiges grafisches Werk) – hebräisch-orientalische Traumwelt

1. Machen Sie sich auf Grund der drei verschiedenen Perspektiven ein „Bild" von Else Lasker-Schüler. Stellen Sie Vermutungen an, wie diese Frau in den verschiedenen Lebensaltern lebte und was für ein Mensch sie war.
2. Wie weit passt ihre Biografie (soweit Sie diese bisher kennen) in ihre Zeit?

ERSTE JAHRE IN BERLIN

Elisabeth (Else) Schüler war das jüngste von sechs Kindern einer wohlhabenden Bankiersfamilie. Sie besuchte die öffentliche Schule nur bis zum Alter von elf Jahren, wobei die Ursachen dafür im Unklaren bleiben. Es spricht aber sehr vieles dafür, dass antijüdische Ausschreitungen ihrer Klassenkameraden dafür verantwortlich sind, dass die kleine Else nicht mehr zur Schule ging und nun Privatunterricht erhielt. 1894 heiratete sie den Arzt Dr. Bernhard Lasker, einen Bruder des berühmten Schachweltmeisters, und zog mit ihm nach Berlin. Die Ehe scheint nie sehr glücklich gewesen zu sein und man weiß nicht sehr viel über die Zeit mit ihm. Else Lasker-Schüler betätigte sich in Berlin zunächst als Zeichnerin in einem eigenen Atelier, und nachdem sie – in den späten neunziger Jahren – den Dichter Peter Hille kennen gelernt hatte, wandte sie sich der Lyrik zu. Ihr erster Gedichtband – er trug den Titel *Styx* – erschien 1902. 1899 war ihr Sohn Paul geboren worden, dessen Vater aber wohl nicht Bernhard Lasker hieß. Sie gab den Namen des wirklichen Vaters nie preis.

Es ist überaus problematisch, Else Lasker-Schülers Texte einer literarischen Strömung oder Epoche zuzuordnen, und die Dichterin kann eigentlich nicht als eine Vertreterin des Expressionismus gelten; es sind eher äußere Umstände, weshalb sie immer wieder – und mit gewissem Recht – dieser Epoche zugerechnet wird: Von 1901 an lebte sie zusammen mit dem Musiker und Kulturmäzen Georg Levin, dessen eigentlicher Name aber bei weitem nicht so berühmt war wie der Kunstname, den Else Lasker-Schüler ihm gab: Herwarth Walden*. Nach ihrer Scheidung von Bernhard Lasker 1903 heiratete sie Walden noch im selben Jahr. Nun stand sie in Kontakt mit der gesamten Welt der jungen Expressionisten Berlins, darunter Döblin, Trakl, Marc und Benn. Sie veröffentlichte Gedichte in Zeitschriften und trat in Kabaretts und Künstlerklubs auf.

* vgl. S. 42/43

L. Meidner: Weltende (1914)

Weltende

Es ist ein Weinen in der Welt,
Als ob der liebe Gott gestorben wär,
Und der bleierne Schatten, der niederfällt,
Lastet grabesschwer.

Komm, wir wollen uns näher verbergen …
Das Leben liegt in aller Herzen
Wie in Särgen.

Du! Wir wollen uns tief küssen –
Es pocht eine Sehnsucht an die Welt,
An der wir sterben müssen.

(1909)

1. Vergleichen Sie Else Lasker-Schülers Gedicht zum Thema „Weltende“ mit van Hoddis' gleichnamigem Gedicht (S. 11 und Lösungsteil).
2. Zu welchem der beiden Gedichte passt Meidners Zeichnung Ihrer Ansicht nach besser? Begründen Sie.
3. Lesen Sie das Gedicht mehrmals laut vor. Wie muss es wohl gelesen werden?

Es gibt mehrere zeitgenössische Schilderungen von Lesungen Else Lasker-Schülers. Daraus zwei Beispiele:

Schockierend wirkte […] allein schon ihr kurz geschnittenes schwarzes Haar, das sie über die linke Gesichtshälfte fallen ließ […]. Ein nachtschwarzes Kleid hatte sie gewählt und wirkte in dem verdunkelten Saal hinter der kleinen Lampe mit ihren unheimlich glühenden Augen unverkennbar dämonisch.

[…] Und nun las sie. Ihr eigentümlich monoton in gleicher Tonhöhe schwebendes Organ füllte den nur halb besetzten Saal. Grelle Verzückungslaute durchschnitten hier und da den Fluss ihrer Rede, und oft mündete er in einem schrillen Trompetenstoß, der ein Gedicht jäh und unerwartet abschloss.

1910 trennte sich die Dichterin von Herwarth Walden, der sie mit einer Jüngeren betrog. 1912 ließen sich die beiden scheiden. Interessant ist ihr Kommentar zu diesem Sachverhalt: „Herwarth Walden beging Fahnenflucht, nicht Ehebruch.“ Diese Worte schrieb sie nach ihrer Scheidung an den Dichter und Literaturkritiker Karl Kraus und umreißt damit die Problematik einer Beziehung mit einem über zehn Jahre jüngeren Mann, der tatsächlich zur Generation der Expressionisten gehörte – im Gegensatz zu ihr, die glaubte sich immer um einige Jahre jünger machen zu müssen, als sie in Wirklichkeit war. Gemeinsam war den beiden jedoch der Wille zum Kampf gegen verkrustete bürgerliche Strukturen gewesen sowie das Engagement für eine literarische und künstlerische Avantgarde und für die Rechte der Juden in Deutschland.

PRINZ JUSSUF VON THEBEN

Nach alledem trat die Dichterin die Flucht nach Theben an. Von nun an nannte sie sich abwechselnd Prinz Jussuf von Theben oder Tino von Bagdad, wobei sie auch ihre Freunde als fiktive Personen in diese Traumwelt mit einbezog. Mit Geisteskrankheit oder Geistesverwirrung hatte das nichts zu tun, es war vielmehr eine Flucht aus einer als unerträglich empfundenen Welt hinein in eine Welt der Fiktion, des Märchens, der Harmonie. Problematisch wurde diese Welt nur dann für Else Lasker-Schüler, wenn sie von ihr zu ausschließlich Besitz ergriff. Prägend für ihr Werk wie auch ihr Leben ist, dass sie die Wirklichkeit nicht ertragen konnte und literarisch wie biografisch immer häufiger aus ihr flüchtete. Gerade in ihrem berühmten Gedicht *Ein alter Tibetteppich* setzt sie fernöstliche, märchenhafte Bilder um in Sprachschöpfungen, die den Wunsch nach einer fremden Welt mit dem Erfahrungshorizont der eigenen Sinnlichkeit verbinden:

Ein alter Tibetteppich

Deine Seele, die die meine liebet,
Ist verwirkt mit ihr im Teppichtibet,

Strahl in Strahl, verliebte Farben,
Sterne, die sich himmellang umwarben.

Unsere Füße ruhen auf der Kostbarkeit,
Maschentausendabertausendweit.

Süßer Lamasohn auf Moschuspflanzenthron,
Wie lange küsst dein Mund den meinen wohl
Und Wang die Wange buntgeknüpfte Zeiten schon?

(1911)

E. Lasker-Schüler: Selbstbildnis. Titelzeichnung zu *Hebräische Balladen* (1913)

Sie selbst sah diese Flucht folgendermaßen:

Ein neues Menschengeschlecht. Ich hab kein Geld, aber darum kann ich mich doch nicht von der Welt abschließen, zumal ich ganz allein umsonst in den Himmel gehen kann. Außerdem bot man mir die Regierung in Theben an; ich regiere sogar schon pro forma. Die Leute in Berlin sagen, ich habe eine fixe Idee. Das heißt, im Grunde eine Beschäftigung. Ich bin der Prinz von Theben. […] Ich bin am tolerantesten gegen mich, bin gnädig gegen mich, ich bin einig mit mir, aus Diplomatie, weil sich mein Volk an mich halten muss. Ich denke nur viel, sehr arg, unmittelbar, ich lasse alle meine Gedanken ganz nahe an mich herankommen, damit sie das Fürchten verlernen.

E. Lasker-Schüler: Selbstbildnis als Prinz Jussuf (um 1913)

1. Erläutern Sie den letzten Satz dieser Aussage.
2. Erkennen Sie möglicherweise Beziehungen zu dem Gedicht *Ein alter Tibetteppich*? Welche Funktion hat dieser Teppich in dem Gedicht? Wie steht das lyrische Ich zu ihm?

Else Lasker-Schüler hat – obwohl es stark vereinfacht wäre zu sagen, ihre Gedichte seien biografisch – immer wieder eigene Erfahrungen und Probleme dichterisch verarbeitet. 1912, nach der Scheidung von Walden, lernte sie Gottfried Benn* kennen und verliebte sich leidenschaftlich in den wesentlich Jüngeren. Ihre Liebe wurde nicht erwidert, was sie in tiefe Verzweiflung stürzte. Doch nun traf sie einen Mann, der so völlig anders war als sie und mit dem sie doch mehr verband als mit den meisten anderen Menschen: den Maler Franz Marc*.

* vgl. S. 13

* vgl. S. 40 f.

ELSE LASKER-SCHÜLER UND FRANZ MARC – EIN BRIEFWECHSEL

Noch bevor die beiden sich persönlich kennen lernten, veröffentlichte Marc in Herwarth Waldens Kunstzeitschrift *Der Sturm* einen Holzschnitt zu Else Lasker-Schülers Gedicht *Versöhnung*. Die Dichterin schrieb ihm daraufhin folgende Zeilen: „Warum haben Sie die Versöhnung gezeichnet – sind Sie auch so schmerzlich verloren wie ich, dass ich keinen Weg mehr habe, nur Schluchten."

F. Marc: Versöhnung. Holzschnitt zum gleichnamigen Gedicht Else Lasker-Schülers (1912)

Versöhnung

Es wird ein großer Stern in meinen Schoß fallen …
Wir wollen wachen die Nacht,

In den Sprachen beten,
Die wie Harfen eingeschnitten sind.

Wir wollen uns versöhnen die Nacht –
So viel Gott strömt über.

Kinder sind unsere Herzen,
Die möchten ruhen müdesüß.

Und unsere Lippen wollen sich küssen,
Was zagst du?

Grenzt nicht mein Herz an deins –
Immer färbt mein Blut meine Wangen rot.

Wir wollen uns versöhnen die Nacht,
Wenn wir uns herzen, sterben wir nicht.

Es wird ein großer Stern in meinen Schoß fallen.

(1912)

1. Können Sie eine Beziehung zwischen dem Gedicht und Franz Marcs Holzschnitt herstellen?

So verschieden der eher biedere Franz Marc und die exzentrische Else Lasker-Schüler auch waren, es verband sie der Versuch, der gesellschaftlichen Nichtigkeit und der Bedrängnis der menschlichen Existenz durch die Klarheit und Reinheit künstlerischer Formen zu entkommen. Dies ist der Grundton eines Briefwechsels zwischen den beiden, der im Dezember 1912 beginnt und der Franz Marc durch die gemalten Karten, die er Else Lasker-Schüler schickt, unsterblich machen sollte. Seine Kartengrüße enthalten häufig Tierbilder, die jedes Mal einen engen Bezug zur Dichterin tragen – so z. B. die Karte mit dem *Turm der blauen Pferde* (vgl. S. 43). Das Motiv der Sterne und der Mondsichel auf den Tieren stammt von dem Siegel der Dichterin. Und die jeweils gewählte Stimmung auf den Karten entspricht sehr häufig genau der jeweiligen Befindlichkeit Else Lasker-Schülers, wie sie in vorangegangenen Briefen von ihr an Franz Marc und seine Frau zum Ausdruck gekommen ist. Franz Marc nähert sich mit seiner Bildwelt an die Bilderwelt Else Lasker-Schülers an und gibt ihrem Wesen und ihrer Erscheinung Ausdruck in seinen Kartengrüßen. Schon 1913 schreibt der Schriftsteller Klabund*:

* Pseudonym von Alfred Henschke

Else Lasker-Schülers Kunst ist sehr verwandt mit der ihres Freundes, des blauen Reiters Franz Marc. Fabelhaft gefärbt sind alle ihre Gedanken und schleichen wie bunte Tiere. Zuweilen treten sie aus dem Wald in die Lichtung wie zarte rote Rehe.

Marcs erster Kartengruß enthält die Worte: „Der blaue Reiter präsentiert Eurer Hoheit sein blaues Pferd", und er begründet die Weltgeltung der insgesamt 28 „Botschaften an den Prinzen Jussuf". Die letzte stellt eine jüngst erworbene Villa des Ehepaars Marc dar, Schloss Ried, und datiert vom April 1914. Im August desselben Jahres wurde Marc zum Kriegsdienst eingezogen. Er fiel am 4. März 1916.
Else Lasker-Schüler schrieb:

Der blaue Reiter ist gefallen, ein Großbiblischer, an dem der Duft Edens hing. Über die Landschaft warf er einen blauen Schatten. Er war der, welcher die Tiere noch reden hörte; und er verklärte ihre unverstandenen Seelen. [...] Nie sah ich irgendeinen Maler gotternster und sanfter malen wie ihn.

Sein Tod bedeutete für sie einen großen Verlust, aber es sollte für sie noch viel schlimmer kommen. Der Gesundheitszustand ihres Sohnes Paul, der immer schon kränklich gewesen war, verschlimmerte sich derart, dass Else Lasker-Schüler die so sehr geliebten „wunderherrlichen Karten" an die Berliner Nationalgalerie verkaufen musste um die Arztrechnungen bezahlen zu können. Alle späteren Versuche, die Karten wieder zurückzukaufen, schlugen fehl.

... SEITDEM DIE WELT VERROHTE

Nach dem Tod von Paul Lasker (1930) emigrierte Else Lasker-Schüler 1933 in die Schweiz, und es begann nun ein unstetes Wanderleben zwischen der Schweiz und Palästina. 1939 verhinderte der Ausbruch des Krieges ihre Rückkehr in die Schweiz, und die Dichterin lebte nun in Jerusalem.

1943 erschien ihr letzter Gedichtband: *Mein blaues Klavier*. Er hatte eine Auflage von nur 330 Exemplaren. Das Titelgedicht ist das berühmteste daraus. Es zieht ein Fazit aus einem ungewöhnlichen, bewegten Leben:

Mein blaues Klavier

Ich habe zu Hause ein blaues Klavier
Und kenne doch keine Note.

Es steht im Dunkel der Kellertür,
Seitdem die Welt verrohte.

Es spielen Sternenhände vier
– Die Mondfrau sang im Boote –
Nun tanzen die Ratten im Geklirr.

Zerbrochen ist die Klaviatür ...
Ich beweine die blaue Tote.

Ach liebe Engel öffnet mir
– Ich aß vom bitteren Brote –
Mir lebend schon die Himmelstür –
Auch wider dem Verbote.

1. Interpretieren Sie dieses Gedicht von 1943 auf dem Hintergrund dessen, was Sie nun über die Dichterin Else Lasker-Schüler wissen.

Rätselhaftes

WER, WO UND WANN?

Und dies ist der Platz selber, einmal erfüllt von einem wimmelnden Leben, von Geschäften und Kaffees umgeben, voller Straßenhändler, Reihen von Wagen über das Pflaster. Der Platz ist nicht leer, hier fahren einige Lastwagen und Frauen schieben Kinderwagen, in denen sie Holz und anderes transportieren. Vor dem Warenhaus Tietz, das schrecklich mitgenommen ist, dessen Kuppel und Globus tief liegt, stehen Tische, und Straßenhändler verkaufen das billige Zeug, das man jetzt in allen deutschen Städten feilbietet. Ich kann mich nur umblicken und fragen: Wo ist dies und wo ist jenes? Ich gehe in die Seitenstraße und in die großen Straßen, die vom Platz ausgehen. Ich wandere die Münzstraße hinunter, hier gab es früher viele Lokale. Aber auch sehr zweifelhafte, auch viele kriminelle Dinge sind passiert hier, und ein ungeheuerliches Menschengewühl. [...]
Hier wie in der Friedrichstraße, wie am Lützowplatz, wie am Stettiner Bahnhof, alles zerstört, zerbrochen, niedergetreten. – Die menschliche Siedlung zerstört, an der sie jahrhundertelang gebaut haben. Sie haben ungeheuren Fleiß daran gegeben. Sie wurden wohlhabend, aber sie konnten das Ganze nicht meistern. Zuletzt fiel alles zusammen und so steht es jetzt da.
Aber von diesem Platz und seinen Menschen ist die Vernichtung nicht ausgegangen. Hier pulsierte friedliches menschliches Leben, so wie menschliches Leben ist, mit vielen Schwächen und mit Lastern und Verderbnis. Das ist alles hingesunken und zum Opfer geworden – die Wohnhäuser, die Warenhäuser, die Läden, die Kaffees, die Gaststätten, die kleinen versteckten Hotels, Aschinger, und mit ihnen die vielen Gegenstände, die das tägliche Erleben erfreuen.

1. Von welchem der in diesem Heft vorgestellten Autoren stammt dieser Text?
2. Welcher Platz wird beschrieben?
3. Wann etwa ist der Text entstanden?
4. Addieren Sie die Quersummen aus Geburts- und Todesjahr des Autors. Sie erhalten dann die erste Lösungszahl.

Lösungszahl 1: ____

WER IST WER?

Neben den Dichterbiografien dieses *Arbeitshefts zur Literaturgeschichte* finden sich in aller Regel zeitgenössische Zeichnungen der einzelnen Vertreter der Epoche. Diese Zeichnungen sind nicht immer sehr authentisch, sondern stellen den Menschen „ganzheitlich" dar, das heißt, die Künstler versuchen häufig auch sein Inneres abzubilden, was natürlich oft zu einem ganz „falschen" Porträt führt. Auf der Umschlagseite des Arbeitshefts dagegen finden Sie Fotos der einzelnen Dichter. Wen erkennen Sie?

DAS RÄTSEL DES EXPRESSIONISMUS

Das folgende Kreuzworträtsel enthält ausschließlich Namen und Begriffe, die in diesem *Arbeitsheft zur Literaturgeschichte* vorkommen. Wer sie alle errät, hat sehr aufmerksam gelesen. Erschwerend kommt noch hinzu, dass manche der Erläuterungen recht verschlüsselt sind …

senkrecht:

1 Dort „saß" Biberkopf.
3 Sie wird in einer Erzählung Döblins „ermordet".
5 Er zeichnete ein „Nachtcafé".
7 einer von denen, die es mit den Göttern aufnehmen wollten
9 Gefallene waren sein Thema.
11 Da hört alles auf.
13 ein Einrichtungsgegenstand Lasker-Schülers
15 Er hielt die Kunst für „magischen Stuhlgang".
17 Vor allem die Expressionisten stießen ihn aus.
19 des „Kaisers" Vorbild
21 noch ein Einrichtungsgegenstand Lasker-Schülers (blau)
23 eine programmatische Wetterlage
25 wo alle Straßen in Verwesung münden
27 Er pflegt in tiefen Gewölben zu ruhen.
29 Sie hat bei Kafka fragwürdige Ratschläge parat.
31 bei Trakl eine Zusammenkunft verliebter Ratten
33 ein farbiger Vorname

waagrecht:

2 Herkunftsland eines Einrichtungsgegenstands von Lasker-Schüler
4 Dort leben nur Tote.
6 Hier kamen Maler der Epoche zusammen.
8 1500 gab es beim Untergang der Titanic.
10 ein englischer Ausdruck
12 Eigentlich hieß sie Elisabeth.
14 In der Malerei der Epoche war er blau.
16 Macke hat dort gern gemalt.
18 alles hübsch gleichzeitig
20 (fast) jeder Vers ein Satz
22 Trakls Astern sind es bald.
24 Bei 23 senkrecht fliegt er dem Spießer weg.
26 gehört zur „Konkurrenz" von 6 waagrecht
28 Babygestammel als Programm
30 des Dramas Kern: einer „zu viel"
32 Seine Tiere haben bisweilen merkwürdige Farben …
34 Darüber reden Irre mit ihrem Arzt, bevor sie ihn umbringen.
36 Er brachte es weit – in der Politik.
38 Sie fiel, war aber nicht Hamlets Fall.

1. Lösen Sie das Rätsel. Die Buchstaben aus den rot unterlegten Feldern ergeben, in die richtige Reihenfolge gebracht, einen Begriff, dem Sie unschwer eine Jahreszahl zuordnen können. Wie heißt diese Zahl?

   Lösungszahl 2: _____

2. Füllen Sie die Felder mit beliebigen Wörtern weiter aus. Bedenken Sie dabei aber, dass maximal zwei Buchstaben nebeneinander stehen dürfen, die keinen Sinn ergeben.

EXPRESSIONISMUS, ODER WAS?

Im folgenden Gedichtsalat finden Sie zwei berühmte Gedichte: eines aus dem Expressionismus, das andere aus der Romantik.
Testen Sie sich selbst: Müssen Sie raten, um aus den Versen ein jeweils epochentypisches Gedicht zu machen, oder haben Sie mittlerweile verlässliche Kriterien, um ein Gedicht des Expressionismus zu erkennen?

13 Und redet wie im Traume.

24 Der Acker leuchtet weiß und kalt.

1 Das Rohr bebt gelb und aufgeschossen.

12 Wo er im neuen Blütenkleid

3 Der Himmel ist einsam und ungeheuer.

10 Von Grün und Quellenrauschen,

14 Ich hab nichts, was mich freuet,

11 Der Wind nur geht bei stiller Nacht

21 Ein Feuerschein huscht aus den Hütten.

2 Ein Wild verblutet sanft am Rain

23 Und langsam steigt der graue Mond.

15 Verlassen steht der Baum im Feld,

22 Ein Schweigen in schwarzen Wipfeln wohnt.

19 Und Raben plätschern in blutigen Gossen.

6 Frost, Rauch, ein Schritt im leeren Hain.

7 Und rüttelt an dem Baume,

17 Zu Gottes Lob wird rauschen.

18 Er träumt von künft'ger Frühlingszeit,

5 Dohlen kreisen über dem Weiher

20 Bisweilen schellt sehr fern ein Schlitten

9 Hat längst sein Laub verstreuet.

4 Und Jäger steigen nieder vom Wald.

16 Verschneit liegt rings die ganze Welt,

8 Da rührt er seinen Wipfel sacht

1. Die einzelnen Verse sind willkürlich nummeriert. Addieren Sie alle Nummern der Verse desjenigen Gedichts, das den Vers mit der Nummer 1 enthält (dreistellige Lösungszahl).

   Lösungszahl 3: ____

2. Schauen Sie sich die beiden Gedichte näher an. Von wem könnte der expressionistische Text stammen?
3. Addieren Sie nun die Quersummen aller drei Lösungszahlen, so erhalten Sie das Alter, in dem sowohl ein berühmter Dichter als auch ein berühmter Maler der Epoche starben.

   Wer waren diese beiden? ____________________ / ____________________

Verzeichnisse

WICHTIGE LITERATUR ZUR EIGENSTÄNDIGEN WEITERARBEIT

Franck, Dieter: Als das Jahrhundert jung war. Rowohlt Verlag, Berlin 1997

Lehnert, Herbert: Geschichte der deutschen Literatur vom Jugendstil bis zum Expressionismus. Reclams Universalbibliothek 9499, Stuttgart 1978

Leiß, I., und Stadler, H.: Deutsche Literaturgeschichte, Band 8: Der Weg in die Moderne 1890–1918. dtv 3348, München 1997

Vietta, S., und Kemper, H. G.: Expressionismus (= UTB, Deutsche Literatur im 20. Jahrhundert), Fink Verlag, München 1975

BILDQUELLLEN

Umschlag: jeweils von oben nach unten, links beginnend: Schiller-Nationalmuseum, Deutsches Literatur-Archiv, Marbach/Neckar; bpk, Berlin; Ullstein Bilderdienst, Berlin (2); AKG, Berlin; bpk, Berlin; AKG, Berlin

S. 7 Collage: Fotos: dpa, Frankfurt/M.
S. 8 Foto: bpk, Berlin, © The Munch Museum / The Munch Ellingsen Group; VG Bild-Kunst, Bonn 1999
S. 9 aus: Kurze Geschichte der deutschen Literatur. Verlag Volk und Wissen, Berlin 1981, S. 544
S. 10 © Ludwig Meidner-Archiv, Jüdisches Museum der Stadt Frankfurt/M.
S. 12 © VG Bild-Kunst, Bonn 1999
S. 13 (oben) aus: Kurt Pinthus (Hrsg.), Menschheitsdämmerung. Ein Dokument des Expressionismus. Rowohlt Verlag, Reinbek 1997, S. 89; (unten) aus: W. Müller-Jensen u. a. (Hrsg.), Gottfried Benn zum 100. Geburtstag. Vorträge zu Werk und Persönlichkeit von Medizinern und Philologen. Königshausen & Neumann Verlag, Würzburg 1989
S. 15 (oben) © Ludwig Meidner-Archiv, Jüdisches Museum der Stadt Frankfurt/M.; (unten) Staatliche Galerie Moritzburg, Halle / Saale; Foto: Klaus E. Göltz, Halle/Saale
S. 16 © Galerie Henze & Ketterer, Wichtrach/Schweiz
S. 18 (oben) Umschlagzeichnung für den Nachdruck von 1923; aus: Der Deutschunterricht, Heft 2/1990, S. 63; (unten) © VG Bild-Kunst, Bonn 1999
S. 20 u. 21 © Ludwig Meidner-Archiv, Jüdisches Museum der Stadt Frankfurt/M.
S. 22 Galerie der Stadt Stuttgart; © VG Bild-Kunst, Bonn 1999; Foto: Arthothek, Peissenberg
S. 23 © VG Bild-Kunst, Bonn 1999
S. 25 Sammlung Inge Stramm, Kalkutta, aus: G. E. Grimm, F. R. Max (Hrsg.), Deutsche Dichter, Bd. 7. Philipp Reclam Verlag, Stuttgart, RUB 8617, S. 65
S. 26 Otto Dix Stiftung, Vaduz, Schweiz; © VG Bild-Kunst, Bonn 1999
S. 27 © Ludwig Meidner-Archiv, Jüdisches Museum der Stadt Frankfurt/M.
S. 28 Schiller-Nationalmuseum, Deutsches Literatur-Archiv, Marbach am Neckar
S. 29 (oben) AKG, Berlin; (unten) © Cornelsen Verlag, Berlin
S. 31, S.33 (oben links) u. S.35 (unten) aus: Ionel Jianou, Rodin Arted, Editions d'Art, Paris 1979, S. 78
S. 33 (oben Mitte), S. 35 (oben), S. 37 Fotos: Angelika Schweizer-Robold
S. 33 (oben rechts), S. 34 Rodin, Phaidon Verlag, London, Abb. 41, 39
S. 33 (unten) Kloster S. Maria delle Grazie, Mailand; Foto: AKG, Berlin
S. 36 Anders Zorn, Radierung 1906. Foto: AKG, Berlin
S. 38/45 (links unten) Privatsammlung, San Franzisko; © Succession H. Matisse / VG Bild-Kunst, Bonn 1999
S. 39 (oben) bpk, Berlin; © Galerie Henze & Ketterer, Wichtrach/Schweiz 1999; (unten) Rheinisches Bildarchiv, Köln; © Galerie Henze & Ketterer, Wichtrach/Schweiz 1999
S. 41 Städtische Galerie München; © VG Bild-Kunst, Bonn 1999; Foto: Joachim Blauel – Artothek, Peissenberg
S. 42 (oben) Staatsgalerie Stuttgart; © VG Bild-Kunst, Bonn 1999; (unten) Sprengel Museum Hannover; Foto: Michael Herling
S. 43 (links) Staatsgalerie moderne Kunst, München; Foto: Artothek, Peissenberg; (rechts) aus: J.-M. Chauvet, Grotte Chauvet. Thorbecke Verlag, Sigmaringen; © SYGMA, Paris
S. 44 (oben) Centre Georges Pompidou, Musée national d'art moderne; © VG Bild-Kunst, Bonn 1999; (unten) Städt. Galerie München; Foto: Artothek, Peissenberg
S. 45 (links oben) Staatsgalerie Stuttgart; © Galerie Henze & Ketterer, Wichtrach/Schweiz 1999; (rechts oben) Stiftung Seebüll Ada und Emil Nolde, Neukirchen; (rechts unten) Sammlung Gerlinger, Würzburg; © VG Bild-Kunst, Bonn 1999
S. 46 (links oben) Kunstmuseum Basel; Foto: Artothek, Peissenberg; (rechts oben) National Galleries of Scotland, Edinburgh; © VG Bild-Kunst, Bonn 1999; (unten) Kunstmuseum Bern; © VG Bild-Kunst, Bonn 1999
S. 49 Sammlung Lawrence Schoenberg, Los Angeles; © VG Bild-Kunst, Bonn 1999; Foto: AKG, Berlin
S. 50 aus: Materialien zu Alfred Döblin, Berlin Alexanderplatz. Suhrkamp Verlag, Frankfurt/M. 1975; mit Genehmigung des S. Fischer Verlages, Frankfurt/M.
S. 51 © 1999 Galerie Henze & Ketterer, Wichtrach/Schweiz
S. 52, 56, 57, 63, 66 © VG Bild-Kunst, Bonn 1999. Die Graphiken von George Grosz wurden mit der Unterstützung von Peter Grosz für die Ausgabe des Romans „Berlin Alexanderplatz" in der Franklin Bibliothek (Ottobrunn bei München 1982) zusammengestellt.
S. 55 Schiller-Nationalmuseum, Deutsches Literatur-Archiv, Marbach am Neckar
S. 70 AKG, Berlin
S. 72 (links) Buchheim-Museum, Feldafing; © VG Bild-Kunst, Bonn 1999; (rechts) Museum of Art, Rhode Island School of Design, Providence/USA
S. 73 (links) Staatsgalerie moderne Kunst, München; © Galerie Henze & Ketterer, Wichtrach/Schweiz 1999; Foto: Artothek, Peissenberg; (rechts) Musée d'Orsay, Paris; Foto: Peter Willi / Artothek, Peissenberg
S. 75 © VG Bild-Kunst, Bonn 1999
S. 79 aus: Kurze Geschichte der deutschen Literatur. Verlag Volk und Wissen, Berlin 1981, S. 544
S. 80 © Ludwig Meidner-Archiv, Jüdisches Museum der Stadt Frankfurt/M.
S. 81 (oben) © Kösel Verlag, München; (unten) Bayerische Staatsgemäldesammlung, München; Foto: bpk, Berlin
S. 82 bpk, Berlin

TEXTQUELLENVERZEICHNIS

S. 8 Margarethe Susmann: Wollen wir Befreiung? …, aus: Expressionismus. In: Paul Raabe (Hrsg.), Der Kampf um eine literarische Bewegung. Deutscher Taschenbuch Verlag, München 1965, S. 156 f.
S. 9 Oskar Jellinek: Der grässliche Untergang …, Tagebucheintragung v. 19. April 1912, aus: Tagebuch I. In: Ulrich Ott (Hrsg.), Marbacher Katalog 42/1, Literatur im Industriezeitalter, Bd. 1, S. 3274. Marbach am Neckar 1990
S. 9 Franz Werfel: Wir sind alle hineingestellt …, in: Die Aktion 4, 1914, Sp. 903
S. 9 Kurt Pinthus: Man male sich zum Vergleich …, in: Friedrich Luft (Hrsg.), Berliner Illustrirte. Faksimile-Querschnitt. Scherz Verlag, München 1965, S. 130 f.
S. 10 Kurt Pinthus: Das Buch „Menschheitsdämmerung" …, Dieses Buch will …, aus: Menschheitsdämmerung. Rowohlt Verlag, Reinbek 1997, S. 22
S. 11 Johannes R. Becher: Auch die kühnste Phantasie …, aus: I. Leiß, H. Stadler, Deutsche Literaturgeschichte, Bd. 8: Der Weg in die Moderne. Deutscher Taschenbuch Verlag, München 1997, S. 399
S. 11 Jakob van Hoddis: Weltende, aus: Dichtungen und Briefe. Arche Verlag, Zürich 1987
S. 12 Georg Trakl: Verfall, aus: Das dichterische Werk. Hrsg. von Walther Killy u. Hans Szklenar. Otto Müller Verlag, Salzburg [10]1986
S. 13 Alfred Lichtenstein: Punkt, aus: Gesammelte Gedichte. Vollständige Ausgabe, hrsg. von Klaus Kanzog. Verlag Die Arche, Zürich 1962
S. 14 Gottfried Benn: Mann und Frau gehn durch die Krebsbaracke, aus: Sämtliche Werke, Stuttgarter Ausgabe. In Verb. mit Ilse Benn hrg. von Gerhard Schuster. Bd. 1, Gedichte 1. Verlag Klett-Cotta, Stuttgart 1986
S. 15 Johannes R. Becher: Der Idiot, aus: Gesammelte Werke. Aufbau Verlag, Berlin 1966
S. 15 Georg Heym: Die Irren, aus: Dichtungen und Schriften. Gesamtausgabe, hrsg. von Karl Ludwig Schneider. Verlag Heinrich Ellermann, Hamburg u. München 1960-1968

S. 16 William Shakespeare: aus: Hamlet IV, 7. Verlag Philipp Reclam, Stuttgart 1969; RUB 31
S. 16 Georg Heym: Tagebucheintragung v. 15. 9. 1911, aus: Dichtungen und Schriften. Gesamtausgabe, Bd. 3, S. 164, hrsg. von Karl Ludwig Schneider. Verlag Heinrich Ellermann, Hamburg u. München 1960-1968
S. 17 Georg Heym: Ophelia, aus: Dichtungen und Schriften. Gesamtausgabe, hrsg. von Karl Ludwig Schneider. Verlag Heinrich Ellermann, Hamburg u. München 1960–68
S. 18 Gottfried Benn: Schöne Jugend, aus: Sämtliche Werke, Bd. 1, Gedichte 1. Verlag Klett-Cotta, Stuttgart 1986
S. 18 Walter Hasenclever: Auf den Tod einer Frau, aus: Menschheitsdämmerung. Rowohlt Verlag, Reinbek 1997, S. 318
S. 19 Georg Heym: Die Vorstadt, aus: Dichtungen und Schriften. Gesamtausgabe, hrsg. von Karl Ludwig Schneider. Verlag Heinrich Ellermann, Hamburg u. München 1960-1968
S. 19 Georg Trakl: Vorstadt im Föhn, aus: Das dichterische Werk. Hrsg. von Walther Killy u. Hans Szklenar. Otto Müller Verlag, Salzburg [10]1986
S. 20 Paul Boldt: Auf der Terrasse des Café Josty, aus: Das Gesamtwerk, Lyrik, Prosa, Dokumente. Hrsg. von Wolfgang Minaty. Walter Verlag, Olten 1979
S. 20 Alfred Wolfenstein: Städter, aus: Menscheitsdämmerung. Rowohlt Verlag, Reinbek 1997, S. 45
S. 20 Paul Zech: Die Häuser haben Augen aufgetan ..., aus: Gesammelte Gedichte, hrsg. von Henry Smith. Carl Hanser Verlag, München 1983
S. 21 Georg Heym: Der Gott der Stadt, aus: Dichtungen und Schriften. Gesamtausgabe, hrsg. von Karl Ludwig Schneider. Verlag Heinrich Ellermann, Hamburg u. München 1960-1968
S. 22 Gottfried Benn: Nachtcafé, aus: Sämtliche Werke. Stuttgarter Ausgabe. In Verb. mit Ilse Benn hrg. von Gerhard Schuster. Bd. 1, Gedichte 1. Verlag Klett-Cotta, Stuttgart 1986
S. 23 M. Szyrocki: Abstoßende männliche Kreaturen ..., aus: Merkwürdigerweise. In: Frankfurter Anthologie. Gedichte und Interpretationen. Hrsg. von Marcel Reich-Ranicki. Insel Verlag, Frankfurt/M. 1982, S. 163 ff.
S. 23 S. Vietta: In diesem Gedicht ..., aus: Expressionismus. Deutsche Literatur des 20. Jahrhunderts. Hrsg. von H. G. Kemper und S. Vietta. Fink Verlag, München 1975, S. 63
S. 24 Georg Heym: Geschähe doch einmal ..., Tagebucheintragung Juli 1910, aus: Dichtungen und Schriften. Gesamtausgabe, Bd. 3, hrsg. von Karl Ludwig Schneider. Verlag Heinrich Ellermann, Hamburg u. München 1960-1968
S. 24 Georg Heym: Der Krieg I, aus: Dichtungen und Schriften. Gesamtausgabe, hrsg. von Karl Ludwig Schneider. Verlag Heinrich Ellermann, Hamburg u. München 1960-1968
S. 26 Georg Trakl: Grodek, aus: Das dichterische Werk. Hrsg. von Walther Killy u. Hans Szklenar. Otto Müller Verlag, Salzburg [10]1986
S. 26 Ernst Toller: Ich stehe im Graben ..., aus: Gesammelte Werke, Bd. 1. Carl Hanser Verlag, München 1978, S. 50
S. 27 Franz Werfel: Der gute Mensch, aus: Das lyrische Werk. S. Fischer Verlag, Frankfurt/M. 1967
S. 28 Ernst Stadler: Der Begriff des Lebens ..., aus: Geschichte der deutschen Lyrik der neuesten Zeit. In: Deutsche Dichter, Bd. 7, hrsg. von G. E. Grimm u. F. R. Max. Verlag Philipp Reclam, Stuttgart 1989, S. 263; RUB 8617
S. 28 Ernst Stadler: Der Spruch, aus: Dichtungen, hrsg. von Karl Ludwig Schneider. Verlag Heinrich Ellermann, Hamburg u. München 1954
S. 30 ff. Georg Kaiser: Die Bürger von Calais (Ausschnitte), aus: Werke in sechs Bänden, hrsg. von Walther Huder. Propyläen Verlag, Berlin 1970
S. 38 Kasimir Edschmid: Ihnen entfaltete sich das Gefühl ..., aus: Expressionismus. Aufzeichnungen und Erinnerungen der Zeitgenossen, hrsg. von Paul Raabe. Walter Verlag, Olten, Freiburg i. Br. 1965, S. 95
S. 39 Mit dem Glauben an Entwicklung ..., zit. nach: A. Dube-Heynig, Ernst Ludwig Kirchner, Postkarten und Briefe an Erich Heckel, hrsg. von R. N. Ketterer u. a. Campione 1984, S. 257
S. 39 Karl Schmidt-Rottluff: Eine von den Bestrebungen ..., zit. nach: G. Leinz, Die Malerei des 20. Jahrhunderts. Karl Müller Verlag, Erlangen 1990, S. 42
S. 40 Ernst Ludwig Kirchner: Das Geheimnis ..., zit. nach: Lexikon der Kunst in zwölf Bänden, Bd. 2, S. 341. Karl Müller Verlag, Erlangen 1994
S. 40 Wir gehen aus von dem Gedanken ..., zit. nach: Lexikon des Expressionismus, hrsg. von L. Richard. Edition Berend von Nottbeck, Köln
S. 40 Wassily Kandinsky: Das Erleben ..., aus: Dokumente zum Verständnis der modernen Malerei, hrsg. W. Hess. Rowohlt Verlag, Reinbek 1986, S. 87
S. 41 Franz Marc: Die Dinge reden:..., aus: Franz Marc, Zeichnungen und Aquarelle, hrsg. von M. M. Möller. Verlag Gerd Hatje, Berlin 1989, S. 61
S. 43 Ich habe da nach einer kurzen Zeit ...; Ebenso wie wir suchten ..., zit. nach: Deutsche Literaturgeschichte, Bd. 8, Der Weg in die Moderne, S. 310, 311, hrsg. von I. Leiß u. H. Stadler. Deutscher Taschenbuch Verlag, München 1997
S. 44 Wassily Kandinsky: Es war die Stunde ..., aus: M. M. Moeller, Der Blaue Reiter. DuMont Verlag, Köln 1989, S. 27
S. 47 Text 1: zit. nach G. Leinz, Die Malerei des 20. Jahrhunderts. Karl Müller Verlag, Erlangen 1990, S. 60
S. 47 Text 2: frei nach Kandinsky, Kleine Freuden. Katalog der Ausstellung in der Staatsgalerie Stuttgart vom 23. 5.-2. 8. 92. Prestel Verlag, München 1992, S. 21
S. 47 Text 3: frei nach M. M. Moeller, Franz Marc. Katalog der Ausstellung in der Kunsthalle Tübingen vom 24. 2.-29. 4. 90, S. 41 f.
S. 47 Text 4: zit. nach Lexikon der Kunst in zwölf Bänden, Bd. 4, S. 20. Karl Müller Verlag, Erlangen 1994
S. 47 Text 5: frei nach Carla Schulz-Hoffmann, Einleitung zu. E. L. Kirchner, Gemälde 1908-1920. Schirmers Visuelle Bibliothek, München 1991, S. 25
S. 48 (oben) C. Dahlhaus: Tradition ist das ..., aus: Schönberg und andere. Gesammelte Aufsätze zur neuen Musik. Schott Musik International, Mainz, S. 33; (unten) Kannst du dir eine Musik denken, ..., aus: J. Hahl-Koch (Hrsg.), Arnold Schönberg, Wassily Kandinsky, Briefe, Bilder, Dokumente einer außergewöhnlichen Begegnung, dtv, München 1983, S. 178
S. 50 Willy Haas: Ein wilder, breiter Strom ..., aus: Materialien zu Alfred Döblin, Berlin Alexanderplatz. Suhrkamp Verlag, Frankfurt/M. 1975, S. 78 ff.
S. 52 ff. Alfred Döblin: Berlin Alexanderplatz (Ausschnitte). Walter Verlag, Zürich 1961, dtv 295 bzw. 1690, S. 7 ff.
S. 71, 72, 74 Franz Kafka: „Ach“, sagte die Maus, ...; Gibs auf!; Auf der Galerie; Eine kaiserliche Botschaft, aus: Gesammelte Werke, hrsg. von Max Brod. Fischer Taschenbuch Verlag, Frankfurt/M. 1983
S. 75 Alfred Kubin: Ich verirrte mich ..., aus: Die andere Seite. Ein phantastischer Roman. edition spangenberg, München 1990, S. 114 ff.
S. 76 Richard Huelsenbeck u. a.: Das Wort Dada symbolisiert ..., aus: Dadaistisches Manifest. In: Dada Almanach. Poetische Aktion. Edition Nautilus, Hamburg 1980, S. 108
S. 76 Raoul Hausmann: kp'erioum, Optophonetisches Gedicht, aus: 113 Dada-Gedichte, hrsg. von Karl Riha. Verlag Klaus Wagenbach, Berlin 1982
S. 77 Bertolt Brecht: Vom ertrunkenen Mädchen, aus: Gesammelte Werke, Bd. 8, Gedichte 1, S. 252. Suhrkamp Verlag, Frankfurt/M. 1967
S. 78 Statistik, aus: I. Weber-Kellermann, Frauenleben im 19. Jahrhundert. C. H. Beck Verlag, München 1991, S. 209
S. 79 Gottfried Benn: Sie war klein ..., aus: Gesammelte Werke in vier Bänden, hrg. von Dieter Wellershoff. Bd. 1, Essays, Reden, Vorträge. Verlag Klett-Cotta, Stuttgart 1959
S. 79 Else Lasker-Schüler: Ich bin in Theben ..., aus: Kurt Pinthus, Menschheitsdämmerung. Rowohlt Verlag, Reinbek 1997, S. 352
S. 80 Else Lasker-Schüler: Weltende, aus: Sämtliche Werke, hrsg. von Friedhelm Kemp. Kösel Verlag, München 1966
S. 80 Schockierend wirkte ...; Und nun las sie..., aus: E. Klüsener, Else Lasker-Schüler. Rowohlt Verlag, Reinbek 1985, S. 78
S. 81 Else Lasker-Schüler: Ein alter Tibetteppich, aus: Sämtliche Werke, hrsg. von Friedhelm Kemp. Kösel Verlag, München 1966
S. 81 Else Lasker-Schüler, Ein neues Menschengeschlecht ..., aus: Wenn mein Herz gesund wär. Kinematographisches. In: Else Lasker-Schüler, Der Prinz von Theben und andere Prosa. Deutscher Taschenbuch Verlag, München 1986, S. 187, dtv 10544
S. 82 Else Lasker-Schüler: Versöhnung, aus: Sämtliche Werke, hrsg. von Friedhelm Kemp. Kösel Verlag, München 1966
S. 83 Else Lasker-Schülers Kunst ...; Der blaue Reiter ..., zit. nach: P. K. Schuster: Franz Marc, Else Lasker-Schüler, Der blaue Reiter präsentiert Eurer Hoheit sein Blaues Pferd. Karten und Briefe. Prestel Verlag, München 1987, S. 131
S. 83 Else Lasker-Schüler: Mein blaues Klavier, aus: Sämtliche Werke, hrsg. von Friedhelm Kemp. Kösel Verlag, München 1966
S. 84 Alfred Döblin, Und dies ist der Platz selber, ..., aus: Zwei Seelen in einer Brust. Schriften zu Leben und Werk, hrsg. von E. Kleinschmidt. Deutscher Taschenbuch Verlag, München 1993, S. 278 f.

Cornelsen

ARBEITSHEFT ZUR LITERATURGESCHICHTE

EXPRESSIONISMUS

LÖSUNGSHINWEISE

[redacted]

Intensität und Radikalismus des Gefühls ... (S. 7)

Aus zahlreichen Texten der Epoche geht hervor, dass die Menschen mit dem vielen Neuen, das auf sie einstürzte, nur bedingt fertig wurden. Einerseits blühten die Städte auf, die Lebensweise wurde – gerade für die Jüngeren – wesentlich freier. Wegweisende technische Fortschritte, wie beispielsweise das neue Medium des Kinematografen, brachten eine völlig neue Erlebniswelt und beeinflussten selbstverständlich auch die Gestaltung der Wirklichkeit in der Literatur. Andererseits wurden durch das rapide Wachstum der Städte natürlich auch die Probleme der Großstadt zunehmend spürbar: Armut, Verwahrlosung, Verschmutzung von Luft und Wasser etc., sodass die Entwicklung durchaus ambivalent war. Gleichzeitig war die Zeit politisch überaus unsicher; immer wieder drohte Krieg auszubrechen, und auf diesem Hintergrund wurde beispielsweise das Auftauchen des Halleyschen Kometen als Menetekel eines drohenden Weltuntergangs verstanden, und der Untergang der *Titanic* tat schließlich noch ein Übriges, den Glauben an die Technik und den Fortschritt zu erschüttern.

Der Aufschrei der Seele (S. 8)

Die Frage ist nun, wie die Literatur konkret auf diese Faktoren reagierte bzw. wie sie versuchte in die Entwicklung ihrer Zeit einzugreifen; und hier zeigt sich, dass die Expressionisten es unisono als ihre ureigenste Aufgabe ansahen, ihre Zeit, oder besser: die bürgerliche Gesellschaft, zu verändern: ob sie nun an die Menschen appellierten, sich zu verändern, ob sie ihrer Zeit einen Zerrspiegel vorhielten, ob sie visionär die Endzeit herbeiwünschten, die eine wenngleich radikale Säuberung bringen würde – immer waren sie sich einig darin, dass die Welt so nicht bleiben könne. So nimmt es auch nicht wunder, wenn trotz – oder gerade wegen – der rasanten technischen Entwicklung der Mensch zunehmend vereinsamt und zunehmend Halt und Hilfe verliert und wenn er deshalb „Befreiung“ will aus dem „grauen Mischmasch von niederstem Machtwillen und [...] verratenem Idealismus“.
Edvard Munch schrieb folgende Zeilen an den Rand seiner Lithografie ***Der Schrei***:
Ich ging fürbass mit zwei Freunden. Da sank die Sonne. Auf einmal ward der Himmel rot wie Blut, und ich fühlte einen Hauch von Wehmut. Ich stand still und lehnte mich an das Geländer. Über dem blauschwarzen Fjord und über der Stadt lag der Himmel wie Blut und Feuerzungen. Meine Freunde gingen weiter, und ich stand allein, bebend vor Angst. Mir war, als ginge ein mächtiger, unendlicher Schrei durch die Natur.

Weltende und Menschheitsdämmerung (S. 10)

Jakob van Hoddis
Weltende
Dem Bürger fliegt vom spitzen Kopf der Hut,
In allen Lüften hallt es wie Geschrei.
Dachdecker stürzen ab und gehn entzwei,
Und an den Küsten – liest man – steigt die Flut.

Der Sturm ist da, die wilden Meere hupfen
An Land, um dicke Dämme zu zerdrücken.
Die meisten Menschen haben einen Schnupfen.
Die Eisenbahnen fallen von den Brücken.

Für Johannes R. Becher war van Hoddis' Gedicht *Weltende* die „Marseillaise der expressionistischen Rebellion“, was nicht nur durch den Inhalt des Gedichts – einer Art Endzeitstimmung – zum Ausdruck kommt, sondern zu wesentlichen Teilen auch durch seine Form. Die Verwendung des Zeilenstils erweckt den Eindruck der Gleichzeitigkeit der Ereignisse, was sich nicht zuletzt auch daran zeigt, dass die einzelnen Verse auf den ersten Blick fast alle austauschbar zu sein scheinen. Dieser „Simultanstil“ ist das eigentlich Epochale des Gedichts. Er war wegweisend und schlägt nicht nur einen Bogen zur Malerei (etwa zu Delaunay), sondern war das charakteristische Ausdrucksmittel einer Generation, in deren Erlebniswelt zunehmend die Stadt mit ihrer ungeheuren Vielfalt an Bildern und Facetten als Lebensraum an Bedeutung gewann. Ein bemerkenswerter Widerspruch scheint zunächst zwischen der eher lapidaren Diktion des Gedichts mit seinem fest gefügten Aufbau und der Erwartung an einen „expressionistischen“ Text zu herrschen. Er lässt das Gedicht grotesk, vielleicht sogar makaber werden. Dem inhaltlich angedeuteten Chaos des nahenden Weltuntergangs widerspricht auffällig die äußere Form des Texts. Der fünfhebige Jambus – außer im dritten Vers sehr regelmäßig – verleiht dem Gedicht etwas Statisches, Getragenes. Lediglich Vers fünf fällt etwas aus dem Rahmen, indem hier das „Hupfen“ des Meeres durch ein Enjambement veranschaulicht wird: So, wie das Meer die Dämme überspült, schwappt auch der Vers über in die nächste Zeile. Der umarmende Reim im ersten der beiden Quartette suggeriert Abgeschlossenheit, und in der Tat kündigt sich der Weltuntergang zunächst nur sehr indirekt und von der Ferne an. Dem Bürger fliegt der Hut vom Kopf, und es liegt etwas Unbestimmtes in der Luft. Das nicht näher beschriebene „Es“ dominiert als Subjekt den Satz, und seine Unbestimmtheit wird noch durch das anschließende „Wie“ unterstrichen. Das Ansteigen der Flut wird zunächst nicht erlebt, sondern der Tageszeitung entnommen, es ist – scheinbar – noch weit weg. Und bislang bläst noch kein „Sturm“, sondern es wehen „Lüfte“.
Wenn sich trotz der fest gefügten formalen Gestaltung schon in der ersten Strophe Irritationen einstellen, so liegt das gerade an dem merkwürdigen Widerspruch zwischen Sprache und Form einerseits und dem Inhalt des Geschilderten andererseits: Dass dem Bürger der Hut als typisches Klassenmerkmal (und als ein Zeichen für „Behütet-Sein“?) vom „spitzen“ Kopf fliegt, ist ebenso ungewöhnlich wie der Wortgebrauch in Zeile drei, wo die zu Tode kommenden Menschen lapidar „entzweigehen“ – gerade so, als ob von einer Puppe oder einer anderen Sache die Rede wäre. Beide Ereignisse stehen übrigens in einem subtilen Zusammenhang: So, wie der Hut davonfliegt, misslingt auch der Versuch, den „Dachschaden“ zu reparieren, denn dabei geht nicht (nur) der Ziegel „entzwei“, sondern auch der Dachdecker. Symptomatisch ist, dass selbst dann, wenn der Mensch grammatisch das Subjekt des Satzes bildet, diese dominante Stellung trügerisch und mit Tod (V. 3) oder Krankheit (V. 7) verbunden ist. Ansonsten steht der „Bürger“ in der Objektposition. Und so, wie das unbestimmte „Es“ dominiert, handelt der Mensch nicht selbst, sondern wird „ge-handelt“. Gleichzeitig gewinnt die Natur an Eigenleben: Die Flut „steigt“ (V. 4), und der Sturm „ist da“ und die Meere „hupfen“ (V. 5) an Land, und zwar sprachlich scheinbar unsinnig, indem dem Meer durch den Gebrauch eines Finalsatzes gewissermaßen Absicht unterstellt wird („[...] um dicke Dämme zu zerdrücken, V. 6). Dieses Eigenleben des Außer-Menschlichen wird formal unterstrichen, indem van Hoddis jetzt, in der zweiten Strophe, den Kreuzreim verwendet, der eben keine Abgeschlossenheit mehr suggeriert, sondern vielmehr Dynamik. Damit wird dem Dämonischen der Natur Ausdruck verliehen, was auch in der letzten Zeile zum Ausdruck kommt. Hier nimmt van Hoddis offensichtlich bei Fontanes berühmter Ballade *Die Brück am Tay* eine Anleihe, in der die Naturgewalten in Person dreier Hexen die Hybris des Menschen bestrafen, der kurz vor seinem

Untergang noch behauptet: „Und wie's auch rast und ringt und rennt, / Wir kriegen es unter, das Element." Und wiederum hat van Hoddis' Stil etwas seltsam Unbeteiligtes. Katastrophen werden in einem Atemzug mit Banalitäten genannt (vgl. V. 5, 6 und 8 gegenüber V. 7) und der sprachliche Ausdruck verrät nicht die mindeste Anteilnahme, ja sogar die ausschließlich schwachen Kadenzen unterstreichen die vermeintliche Beiläufigkeit des Erzählten.

Dieser eklatante Widerspruch zwischen Inhalt einerseits und seiner sprachlichen und formalen Präsentation andererseits löst sich nicht auf, wenn man den Text als ernst gemeinte visionäre Prophetie vor einem drohenden Weltuntergang versteht. Man muss vielmehr wissen, dass van Hoddis das Gedicht Mitte 1910 im „Neopathetischen Cabaret" in Berlin zum ersten Mal vortrug, bevor er es 1911 veröffentlichte. Es war – als kabarettistischer Beitrag – eine Reaktion auf die Weltuntergangsstimmung, die der Planet Halley im Mai 1910 mit seinem Erscheinen bei den braven Bürgern ausgelöst hatte. Die Apokalypse findet jedoch allenfalls – angeregt durch Zeitungslektüre – in dessen Kopf statt. Von hier aus erklärt sich auch der ironische Seitenhieb auf den „spitzen Kopf" des Bürgers, der nach Indizien sucht, die ihn in seiner Endzeitstimmung bekräftigen. Die Verwendung des bestimmten Artikels macht klar, dass es hier um die Typisierung einer ideologischen Gesinnung geht und nicht etwa um eine einzelne Person. Man muss sich jedoch hüten, das Gedicht monokausal mit dem Erscheinen des Kometen in Verbindung zu bringen, denn dadurch würde man den Text unzulässig verkürzen. Immerhin begründete er – wie immer er auch anfangs gemeint war – eine Epoche. Und als eine Ironie der Geschichte kann gelten, dass van Hoddis' ironisch gemeinte Vision in freilich anderer Form ein paar Jahre später Wirklichkeit wurde …

Vergänglichkeit und Ich-Zerfall (S. 12)

Georg Trakls Gedicht ***Verfall***, geschrieben 1913, nimmt in typisch expressionistischer Weise geradezu visionär das Ende des Friedens und die Kälte des drohenden Todes vorweg. Es ist sicherlich in vielerlei Hinsicht eines der typischsten und vollendetsten Gedichte des Expressionismus, und es weist eine Fülle von Stilmitteln und Redeformen, Motiven und formalen Eigenarten auf.

Die filmische Umsetzung des Gedichts könnte auf zahlreiche Details eingehen, so z. B. seine Zweiteilung. Die ersten beiden Strophen sind vorwiegend positiv gezeichnet. Vor allem das erste Quartett, das bezeichnenderweise die Situation oberhalb des menschlichen Bereiches schildert, ist überaus harmonisch. Die Glocken läuten Frieden, und dieser korrespondiert mit Frömmigkeit, herbstlicher Klarheit und Weite. Noch deutet nichts darauf hin, dass die Vögel bei ihrem Flug in die Weite alles Schöne mit sich nehmen, und selbst die Tatsache, dass es schon „Abend" ist und dass die Tiere „entschwinden", wird noch nicht als negativ vermerkt.

Dies ändert sich andeutungsweise bereits in der zweiten Strophe. Der Blickwinkel senkt sich und das lyrische Ich „träumt" im „dämmervollen Garten" den „helleren Geschicken" der Vögel nach, die wegfliegen können, der Sonne entgegen. Der Komparativ „heller" stellt kaum merklich schon einen Vergleich mit der Situation des lyrischen Ichs her, doch dieses erhebt sich, obwohl es seine Not fühlt, noch einmal über die Wolken und folgt den Vögeln. Noch einmal werden Raum und Zeit überwunden, oder doch zumindest fast überwunden, denn es heißt ja: „Und fühl der Stunden Weiser *kaum* mehr rücken."

Mit dem „Da" in Strophe drei kommt ein scharfer Bruch in das Gedicht. Ein kalter Windhauch wie auch der klagende Laut einer Amsel holen das lyrische Ich in die Realität zurück. Die scheinbare Idylle ist zerstört. Jetzt dominieren die negativen Attribute. Es dürfte z. B. kein Zufall sein, dass es sich bei dem Vogel um eine Amsel, also ein ganz schwarzes Tier, handelt.

Sie „klagt" in „entlaubten Zweigen"; auf Schritt und Tritt begegnet man nun der Vergänglichkeit des Seins: Es schwankt der „rote Wein an rost'gen Gittern" – wobei letzteres Wort auch auf das Eingesperrtsein des Daheimgebliebenen hinweisen könnte. Die Welt wird dunkel und kalt, und das Gedicht nimmt schließlich Zuflucht zum unwirklichen, visionären Bild der blassen Kinder, die im Todesreigen um den dunklen Brunnen tanzen. Aus den Bildern des Verfalls in der dritten Strophe ergibt sich also in der vierten eine Art Todesvision, die formal mit dem Tagtraum in Strophe zwei korrespondiert. Wenn dieser durch die Zugvögel ausgelöst wird, so wird jene durch die klagende Amsel hervorgerufen – ein Laut, der als „Vertonung" während der Todesreigen-Vision z. B. stehen bleiben könnte. Hier ist eine solche Verfilmung natürlich schon Interpretation und soll es auch sein, und das Gedicht braucht auch nicht unbedingt sukzessiv dargestellt zu werden, sondern man könnte auch simultane Bilder zeigen (Überblendtechnik) o. a.

Im Übrigen wird mit der Vision, mit dem Auftauchen von Dunkelheit und Kälte das Grunderlebnis Trakls, der Weg in die Nacht, sichtbar und filmisch greifbar. Dabei tritt auch gerade die Entwicklung, die in dem Gedicht vor sich geht, ins Blickfeld, ebenso die Symbolik von Licht und Weite auf der einen und Dunkelheit und Enge auf der anderen Seite. Die Originalfassung des Gedichtes auf Seite 13 lautet folgendermaßen:

Alfred Lichtenstein
Punkt

Die wüsten Straßen fließen lichterloh
Durch den erloschnen Kopf. Und tun mir weh.
Ich fühle deutlich, dass ich bald vergeh –
Dornrosen meines Fleisches, stecht nicht so.

Die Nacht verschimmelt. Giftlaternenschein
Hat, kriechend, sie mit grünem Dreck beschmiert.
Das Herz ist wie ein Sack. Das Blut erfriert.
Die Welt fällt um. Die Augen stürzen ein.

In dem Gedicht wird eine Beziehung zwischen Großstadt und Ich dargestellt, die deutlich zum Ausdruck bringt, wie das einzelne Ich, zum Objekt degradiert, zunehmend an Wert und an Leben verliert. Alles ursprünglich Lebendige im Menschen ist statisch, „erloschen" (V. 2) und stirbt (vgl. V. 7 und 8). Bewegung findet sich nur in den dominierenden „Blutadern" der Stadt (vgl. V. 1), die als Subjekt den Menschen beherrschen und ihn gewissermaßen von innen heraus verbrennen. Am Ende steht der völlige Zerfall des Ichs – und als Folge davon auch der Welt um das Ich herum. Alles stürzt zu einem „Punkt" zusammen.

Dieser Zerfall des Ichs ist jedoch nicht nur innerlich zu verstehen, sondern wird in der Lyrik des Expressionismus durchaus auch äußerlich gesehen und dargestellt. Besonders eindrücklich zeigen dies die „Morgue-Gedichte" Gottfried Benns, allen voran der Text ***Mann und Frau gehn durch die Krebsbaracke***.

Das Gedicht ist szenisch aufgebaut. Unter dem Gestus des Zeigens führt „Der Mann", wahrscheinlich ein Arzt in der „Krebsbaracke", eine Frau durch die Räume. Die Betrachtung der Kranken erfolgt zunächst allgemein, indem die Aufteilung der „Krebsbaracke" beschrieben wird (V. 2 und 3). Dabei fällt auf, dass die Kranken nicht nach Geschlecht getrennt liegen, sondern nach der Art ihrer Krebserkrankung (in einer Reihe alle mit Unterleibskrebs, in der andern die Frauen mit Brustkrebs). Die Tatsache, dass hier gerade der Zerfall von Körperregionen angesprochen wird, die mit Erotik und Sexualität zu tun haben, verleiht dem Gedicht eine zusätzliche existenzielle Nuance, vor allem auch auf dem Hintergrund der letzten Strophe. Die Erläuterungen des Mannes sind alles andere als medizinisch fundiert, geben keine Diagnose oder gar Therapiemethode wieder, sondern sind eher darauf ausgerichtet, die Frau zu beeindrucken und zu schockieren. Die Kranken werden wie leblose Gegenstände, wie Anschauungsmedien für Krankheitssymptome verstanden (vgl. z. B. Strophe 3) und scheinen allesamt nicht mehr bei vollem Bewusstsein zu sein, was sich auch in Vers 16 zeigt, wo es heißt: „Man lässt sie schlafen." Immer wieder fordert der Mann die Frau auf, ihre Scheu abzulegen („Komm …", V. 5 und 9), und es wird deutlich, dass die Frau gewissermaßen stellvertretend für den Leser des Gedichts steht, der an ihrer Stelle durch die Krebsbaracke geht und vom „Mann" die ganzen Scheußlichkeiten gezeigt bekommt. Die häufigen Ermutigungen des Mannes zeigen, dass es der Frau nicht leicht fällt, sich mit all dem Gezeigten so kühl zu befassen, wie dies der Mann offenbar annimmt. Er zeigt ihr die verkrebsten Geschlechtsteile eines Mannes (Str. 2) und lässt sie mit blasphemischen Worten den „Rosenkranz von weichen Knoten" (V. 10) auf der Brust einer Frau betasten. Die Krebsknoten sind so zahlreich wie die Perlen einer Gebetskette: Schon dieser Vergleich allein, von der Übertreibung ganz abgesehen, vertreibt jeden Ansatz gläubiger Innerlichkeit. Und auch das neue Leben entspringt einem kranken Leib (V. 14 f.) und scheint schon von daher geradezu gezeichnet zu sein. Die gesamte Darstellung der Kranken ist überaus zynisch und menschenverachtend, so, wie es eben dem Menschenbild des „Medizynikers" Benn der damaligen Zeit entsprach: Der Mensch wird herabgewürdigt zu einem stinkenden, bewusstlosen Objekt, von Fliegen umschwirrt, das gewaschen wird „wie man Bänke wäscht". Dieses letzte Bild stellt auch den Übergang zur letzten Strophe, einer Kommentar-Strophe, dar: So, wie sich die Erde wieder holt, was aus ihr hervorging (der „Acker schwillt schon um jedes Bett"), so „ebnet sich" das Fleisch „zu Land". Mensch und Erde nähern sich einander an, die Lebensglut erlischt (V. 23), der Körper erkaltet, kann seine „Säfte" nicht mehr halten (V. 24), die „Erde ruft".

Der Verlauf des Gedichts folgt dem Gang durch die Baracke, wobei die Strophen je-

weils eine weitere Station zeigen, die die beiden schweigend zurücklegen. In der ersten Strophe betreten sie den Raum, die Strophen 5 bis 7 sind als zusammenfassender Kommentar gedacht, der gegen Ende der Visite abgegeben wird, wobei die letzte Strophe weit über das tatsächlich Gezeigte hinausgeht.
In dem **Motiv des Irrsinns** wird der innere Verfall des Menschen dargestellt. Dabei scheint die Bildhaftigkeit und Eindrücklichkeit von Heyms Gedicht dem Bechers überlegen, weil es im Präsens beim Leser selbst Bilder evoziert, während Bechers Gedicht durch die Verwendung des Präteritums eine individuelle Handlung zu erzählen scheint. Des weiteren bleibt Heyms Gedicht merkwürdig sachlich, geradezu teilnahmslos, und die strenge Form des Sonetts kontrastiert auf ganz eigenartige Weise mit dem konvulsivisch überbordenden Inhalt. Fast kommentarlos (nur der Vergleich der Irren mit Spinnen, V. 3, und scheuen Mäusen, V. 14, kann zur Not als Kommentar gelten) wird ein Geschehen dargestellt, das in seiner Eindrücklichkeit und Brutalität kaum mehr zu überbieten ist. Geradezu Symbolcharakter erhält das Geschehen dadurch, dass aus einem Gespräch über einen Vertreter der Staatstheorie zur Zeit der Aufklärung heraus der Wahnsinn aufbricht und das Gespräch in Gewalt und Mord mündet. Gerade diese Aussage lässt – in Verbindung mit dem Motiv der Peitsche als Machtinstrument und dem Vergleich der Menschen mit Mäusen – darauf schließen, dass es Heym hier um mehr als nur um ein Individuum, um einen Irren, geht. Vielmehr wird das Gedicht zu einem Bild für die Befindlichkeit des so genannten aufgeklärten Menschen, dessen Verstand sich jederzeit in mörderischen Wahnsinn verkehren kann, und zu einer Darstellung der irrsinnigen kollektiven Unterwerfung des vermeintlich Schwachen unter die Knute dessen, der die „Peitsche" hat. So betrachtet hat es durchaus auch mit der Thematik des Krieges zu tun.
Bechers Gedicht besticht dagegen eher durch eindrückliche Bilder und überraschende sprachliche Wendungen und Details. In typisch expressionistischer Weise werden Sinneseindrücke – innerer und äußerer Art – im Simultanstil aneinander gereiht und es wird klar, dass das Gedicht die Welt von dem Possessivpronomen „seine" in Vers 5 an aus der Innensicht des Irren abbildet. Man erlebt gewissermaßen, was er erlebt. Nicht *die* Straße wirft sich „steil empor", sondern *seine*, die individuell erlebte. Die scharfe Abtrennung der einzelnen Wahrnehmungen wird in beiden Gedichten nur unterbrochen, um durch Enjambements die verwendeten Verben noch eindrücklicher zu machen. Wenn in Heyms Gedicht die Irren „enthuschen" (V. 13), so gibt das Enjambement dieser Zeile am Ende formal ebenso einen Sinn wie im Gedicht Bechers, wo es heißt: „Berge schwammen/ Zur Stadt herein" (V. 15 f.). Die Vorstellungskraft des Irren entzieht sich dem Zugriff seines Verstandes, die Bilder schwappen über.
Das **Ophelia-Thema** geht in der neueren Lyrik zurück auf ein Gedicht des jungen französischen Dichters Arthur Rimbaud (*Ophélie*, 1870), der die Dichtung des Expressionismus in vielerlei Weise beeinflusst hat. Schon bei Rimbaud wird Ophelia zum elementaren Symbol menschlicher Vergänglichkeit und Hinfälligkeit.
Dieses Motiv greift Heym gleich zu Beginn seines Gedichts ***Ophelia*** auf und spitzt es geradezu unerträglich zu, wenn er das junge Mädchen Ophelia zur Heimstatt des Ekeltiers des Menschen schlechthin werden lässt: Die „jungen" Wasserratten kontrastieren so scharf wie nur irgend möglich mit dem jungen Mädchen, was noch besonders unterstützt wird durch weitere Hinweise darauf, dass sie geradezu zu einem Teil der Natur geworden zu sein scheint. Die Sonne „versenkt sich tief in ihres Hirnes Schrein" (V. 6), was nichts anderes heißt, als dass sie durch ihre gebrochenen, offenen Augen, wenn nicht gar schon durch die Augenhöhlen, ins Innere des Kopfes dringt. Die Fragen nach dem Warum des Ganzen bleiben bezeichnenderweise unbeantwortet, ja sie werden nicht einmal aufgegriffen. Über zwei Verse hinweg bringen sie eine andere Vorstellungsebene, die des reflektierenden Betrachters, die aber sogleich wieder der Beschreibung des Weiterströmens weicht und erst wieder im zweiten Teil, nun freilich nicht mehr als Fragen, sondern als Feststellungen, in dem zweimaligen „Vorbei, vorbei" wieder auftaucht. Der in sich paradoxe Satz „Im dichten Röhricht steht der Wind" scheint die Antwort auf die beiden Fragen zu ersetzen. Der „stehende" Wind suggeriert eine Statik, die keine Fragen und schon gar keine Antworten zulässt. Gleichzeitig jedoch behält der Wind merkwürdigerweise die ihm eigene Dynamik, indem er „wie eine Hand" die Fledermäuse – die seit jeher mit Gruft, Tod und Vergänglichkeit in Verbindung gebracht wurden – aufscheucht. Diese Todesmetaphorik wird noch unterstützt durch das zweimalige Vorkommen des Adjektivs „dunkel" und durch die Metapher des Rauchs (V. 11 f.).
Dem unaufhörlichen Weitertreiben der Leiche auf dem Wasser wird durch die zahlreichen Enjambements Ausdruck verliehen, die das Gedicht – vor allem im ersten Teil – in Bewegung halten, so z. B. auch in dem assoziativ sehr dichten, geradezu sexuell besetzten Bild des Aals, der über Ophelias Brust „schlüpft".
Die Leiche Ophelias ist ein Teil der Natur geworden und damit der Tierwelt anheimgefallen.
Der zweite Teil des Gedichts beginnt mit extrem verkürzten Sätzen. Diese Ellipsen bringen die Bilderwelt einer neuen, dieses Mal vom Menschen überformten Landschaft: „Korn, Saaten" (V. 17). Gleichzeitig ist ein neuer Tag gekommen und schon bis zum Mittag fortgeschritten. Der erste Teil begann am Abend; es wurden die „Schatten [...] der letzten Sonne" erwähnt, die „im Dunkel irrt" (V. 3 ff.). Nun ist vom „Mittag" die Rede, die Szenerie belebt sich. Gleichzeitig jedoch macht Heym schon hier völlig klar, dass es ihm nicht um die Darstellung des Einzelschicksals von Ophelia geht, sondern er zeigt durch das verdoppelte Adjektiv „ewig", dass sie stellvertretend steht für den Lebensweg des Menschen, und dieser Bezug wird auch im Folgenden immer wieder verdeutlicht. Durch das doppelte „Vorbei" wird wieder ein Zeitsprung markiert. Der Lebensraum der Menschen, die Stadt, ist nun erreicht. Diesem Teil des Gedichts widmet Heym ebenso vier Strophen wie dem ersten Teil, wo Ophelia durch den Urwald treibt. Damit werden die Strophen 5 und 6 ebenso zu einem Übergang zwischen zwei Vorstellungshorizonten wie die letzten beiden Strophen. Zu erwähnen ist, dass Ophelia nicht an der *Stadt* vorbeitreibt, sondern an *Städten*. Wiederum handelt es sich also nicht um die Darstellung eines singulären Ereignisses. Die „Reise" der Ophelia ist vielmehr als Gleichnis für das Leben des Menschen zu werten. In den Städten ist das Tagewerk vollbracht, es ist wieder Abend (vgl. V. 31, 41, 44). Typisch für den Expressionismus ist die Darstellung der Städte als „Moloch" (V. 34), der als durchweg negativ und bedrohlich dargestellt wird. Wenn in dem Teil außerhalb der Stadt die eher freundlichen Farben dominieren, so beherrschen hier die Farbe schwarz und zahlreiche negative Verben und Adjektive die Beschreibung. Bis dato nur assoziativ zu erfassende Bilder klären sich nun: Beispielsweise jagt nun Ophelia genauso, wie im ersten Teil der Wind die Fledermäuse auf- und über sie hinwegjagte, über den „Menschenschwarm" einen „dunklen Harm". Wiederum wird Ophelia zu einer Inkarnation menschlichen Leidens, das die Menschen, von irgendwo und irgendwann aus dem Strom des Lebens kommend, betrifft, berührt und das vorübertreibt, „die Zeit hinab", „weit" fort (V. 47 und 45). Das menschliche Leid bleibt in Raum und Zeit erhalten, ist ständig gegenwärtig.
Der dritte, wenngleich nicht als solcher explizit gekennzeichnete Teil des Gedichts, die beiden letzten Strophen, gehen also endgültig über das vermeintliche Einzelschicksal Ophelias hinaus. Es ist vom „fernen Abend" die Rede (V. 44), von „manchen Winter[n]" (V. 46) und, wie gesagt, von „Zeit" und „Ewigkeit". Schließlich, in der Unendlichkeit, geht Ophelia unter – ist dies eine der für Heym so typischen Visionen des Weltuntergangs?
Gottfried Benn hat seinem **„Ophelia"-Gedicht** den Titel ***Schöne Jugend*** gegeben. Allein schon der Titel verrät den Zynismus, der den ganzen Text kennzeichnet, denn er bezieht sich auf die Jugend der Ratten, das Mädchen dient – wie bei Heym – nur zu deren Behausung. Der Originaltext Benns (es ist der obere) wird vor allem durch das vermeintlich wissenschaftliche Interesse, das „man" der Wasserleiche entgegenbringt, so teilnahmslos-zynisch. Es handelt sich zunächst um *ein* Mädchen, also kein bestimmtes, das mehr oder weniger zufällig im Schilf gefunden wird. Ihr sonderbar „angeknabbert[er] Mund" macht die Untersuchenden neugierig. Durch das zweimalige „So" wird deutlich, dass man nicht etwa der Todesursache nachforscht, sondern der Leiche ein lediglich durch die Obduktion bestimmtes Interesse entgegenbringt. Das Gedicht folgt gewissermaßen dem Seziermesser des Chirurgen. Nacheinander werden Brust, Speiseröhre, Zwerchfell, Leber und Niere freigelegt, wie es scheint, noch am Fundort, denn die jungen Ratten werden ja „allesamt ins Wasser" geworfen – eine Formulierung, die für die Umgebung des Leichenschauhauses unpassend wäre.
Geborgenheit und Heimat, kurz: eine „schöne Jugend" haben nur die Ratten erlebt, von dem Mädchen ist überhaupt nicht mehr die Rede. Benn stellt damit alle Wertmaßstäbe auf den Kopf: Der Mensch ist nurmehr Körper, nichts weiter.
Ganz anders dagegen Hasenclever in seinem Gedicht ***Auf den Tod einer Frau***. Das Gedicht geht von der Vorstellung aus, die Frau könne, des ewigen Lebens teilhaftig geworden (V. 6 und 9), auf die Erde zurückschauen (V. 1). Sie ist in der herbstlichen Landschaft gegenwärtig (V. 2 ff.) und wird dies für die Hinterbliebenen auch immer sein.

Am Kehricht pfeift verliebt ein Rattenchor (S. 19)
Die beiden **Vorstadt-Gedichte** sind durch überaus eindrückliche Bilder gekennzeichnet und zeigen die Kehrseite der glänzenden Metropole. In Trakls Gedicht scheint ein Beobachter an einem Standort, wo die Stadt in die offene Landschaft übergeht, um sich zu blicken und die verschiedenen Eindrücke – z. T. im Zeilenstil – niederzuschreiben. Das Beobachten des roten Bluts auf dem Wasser erweckt schließlich Fantasiegebilde in ihm, und er beschreibt nicht mehr Reales, sondern Traumhaft-Visionäres. Heyms Gedicht reiht dagegen zahlreiche Einzelbeobachtungen unter den Ärmsten der Armen aneinander, jedoch nicht in erkennbar sozialkritischer Absicht, sondern eher als abstoßendes Beispiel für die conditio humana der „modernen" Stadt. Dies wird nicht zuletzt am Schlussvers deutlich, der auf „Meteore" als Mahnmale einer drohenden Apokalypse hinweist. Die drei Gedichte zum **Thema Stadt** lauten folgendermaßen:

Paul Boldt
Auf der Terrasse des Café Josty
Der Potsdamer Platz in ewigem Gebrüll
Vergletschert alle hallenden Lawinen
Der Straßentakte: Trams auf Eisenschienen
Automobile und den Menschenmüll.

Die Menschen rinnen über den Asphalt,
Ameisenemsig, wie Eidechsen flink.
Stirne und Hände, von Gedanken blink,
schwimmen wie Sonnenlicht durch dunklen Wald.

Nachtregen hüllt den Platz in eine Höhle,
Wo Fledermäuse, weiß, mit Flügeln schlagen
Und lila Quallen liegen – bunte Öle;

Die mehren sich, zerschnitten von den Wagen.–
Aufspritzt Berlin, des Tages glitzernd Nest,
Vom Rauch der Nacht wie Eiter einer Pest.

Alfred Wolfenstein
Städter
Nah wie Löcher eines Siebes stehn
Fenster beieinander, drängend fassen
Häuser sich so dicht an, dass die Straßen
Grau geschwollen wie Gewürgte sehn.

Ineinander dicht hineingehakt
Sitzen in den Trams die zwei Fassaden
Leute, wo die Blicke eng ausladen
Und Begierde ineinander ragt.

Unsre Wände sind so dünn wie Haut,
Dass ein jeder teilnimmt, wenn ich weine,
Flüstern dringt hinüber wie Gegröle:

Und wie stumm in abgeschlossner Höhle
Unberührt und ungeschaut
Steht doch jeder fern und fühlt: alleine.

Paul Zech
Die Häuser haben Augen aufgetan …
Am Abend stehn die Dinge nicht mehr blind
und mauerhart in dem Vorüberspülen
gehetzter Stunden; Wind bringt von den Mühlen
gekühlten Tau und geisterhaftes Blau.

Die Häuser haben Augen aufgetan,
Stern unter Sternen ist die Erde wieder,
die Brücken tauchen in das Flussbett nieder
und schwimmen in der Tiefe Kahn an Kahn.

Gestalten wachsen groß aus jedem Strauch,
die Wipfel wehen fort wie träger Rauch
und Täler werfen Berge ab, die lange drückten.
Die Menschen aber staunen mit entrückten
Gesichtern in der Sterne Silberschwall
und sind wie Früchte reif und süß zum Fall.

Alle Straßen münden in schwarze Verwesung (S. 24)
Es erscheint uns heute geradezu visionär, wenn Heym schon im Jahr 1911 das Ausbrechen eines Weltkrieges prophezeit. Andererseits muss man sich klarmachen, dass der Krieg zu jener Zeit – nicht zuletzt auf dem Hintergrund der Aufrüstung und der Marokko-Krise – allgegenwärtig war und nicht wenige der Expressionisten ihn sich bisweilen sogar herbeisehnten.
Dies wird auch in dem Gedicht ***Der Krieg*** deutlich, wenn von Gomorrha die Rede ist, der legendär-sündigen Stadt, die durch ein Gottesurteil zerstört wurde. Die Darstellung des Krieges hat durchaus etwas Heroisches. Er wird schon in den ersten Versen personifiziert, wobei bedeutsam ist, dass er allgegenwärtig zu sein scheint und nur ab und zu schläft, potenziell aber immer „aufstehen" kann – was durch die Anapher am Gedichtanfang noch zusätzlich unterstrichen wird. Der Krieg kommt nicht als Schicksal von außen, sondern er ist latent die ganze Zeit über schon da, er bricht aus von unten, „aus Gewölben tief", mithin aus der Mitte der Betroffenen selbst. Er ist damit nicht etwa Gottesurteil, sondern beinahe logische Folge des städtischen, bürgerlichen Lebens. Das ganze Gedicht hat mit dem sechsfüßigen Trochäus und seinen ausschließlich starken Kadenzen sowie den schweren Paarreimen etwas Stakkatohaftes; es vermittelt fast schon die Atmosphäre von Kriegstrommeln, die unablässig näher kommen. „Unerkannt" zuerst (V. 3) und „fremd" (V. 6) wird sein Nahen zuerst emotional, dann körperlich spürbar (V. 7 f. und 9), dann sind seine Vorboten zuerst leise zu hören (V. 11), dann sichtbar und erfahrbar: Krieger werden rekrutiert (V. 14), die „Glut" des heimischen Herds als Metapher für Heimat und Geborgenheit wird ausgetreten, und in einem beinahe barocken Bild werden vom Fluss die ersten Toten angeschwemmt. Schließlich ist er da: Die Stadt brennt, ist sogar umgeben von seinem zerstörenden Feuer, das, metaphorisch personifiziert, Eigenleben annimmt. Wiederum findet sich das Bild der – dieses Mal gelben – Fledermäuse, die schon in Ophelia für Tod und Vergänglichkeit standen. Schließlich ist alles vorüber: Zwischen der drittletzten und der vorletzten Strophe ist eine logische Zäsur, denn jetzt schreibt Heym plötzlich im Präteritum. Der Krieg hat triumphiert (V. 39 f.), die Stadt ist vernichtet.
Interpretatorisch von Bedeutung ist dabei auch die Tatsache, dass all dies abends bzw. in der Nacht geschieht. Danach folgt wieder der Tag, ein neuer Aufbruch. Gomorrha wird neu – vielleicht geläutert? – wieder erbaut werden.
Das Gedicht auf Seite 25 lautet im Original folgendermaßen:

August Stramm
Patrouille
Die Steine feinden
Fenster grinst Verrat
Äste würgen
Berge Sträucher blättern raschlig
Gellen
Tod.

Es fällt auf, dass Stramm vor allem Substantive (8, inkl. Titel) und Verben (5) verwendet. Dagegen finden sich nur ein Adjektiv und ein Artikel. Dabei ist es möglich, auch „berge" adjektivisch zu verstehen (etwa anstelle von „verbergend" o. Ä.). Unklar ist des weiteren, ob „gellen" als Verb aufzufassen ist oder nicht vielmehr als ein lautmalerisch überformtes Adjektiv verstanden werden kann. Zentrales Stilmittel des Gedichts ist die Personifikation, durch die alle Gegenstände, die das patrouillierende lyrische Ich sieht, zu einer potenziellen tödlichen Bedrohung werden.
Das Adverbiale „Am Abend" dominiert den ersten Teil von Trakls Gedicht ***Grodek***. Die Idylle der Natur in der Abendsonne („Goldne Ebenen, blaue […] Seen", V. 2 f.) kontrastiert sehr scharf mit den „tödlichen Waffen" (V. 2), bei deren „Tönen" die Nacht herankommt und die auf dem Schlachtfeld zurückbleibenden Sterbenden „umfängt" (V. 4 ff.). Dieses Bild wird im zweiten Teil näher betrachtet. Wie „rotes Gewölk" (V. 8 f.) sammelt sich das Blut der Sterbenden in einer Senke, „darin ein zürnender Gott wohnt" (V. 8). Wie schon in Heyms Gedicht *Der Krieg* wird auch hier die Vorstellung von einem der Welt immanenten Gott hervorgerufen, der Zerstörung bringt. Die warme Sonne wird vom kühlen Mond abgelöst. Der Begriff „Blut" steht genau in der Mitte des Gedichts: Wie in einem Trichter läuft das bisher Gesagte in diesem Wort zusammen und mündet schließlich in dem unvergleichlichen Bild: „Alle Straßen münden in schwarze Verwesung" (V. 10). Damit ist einerseits die Vorstellung der Rinnsale von Blut gemeint, andererseits drückt der Satz ein tief resignatives Fazit eines Lebens – Trakls Lebens – aus. In dieser Stimmung nun taucht visionär das Bild seiner geliebten Schwester auf, doch auch sie ist es nicht selbst, sondern es ist nur ihr Schatten, als ob Trakl selbst schon in der Unterwelt wäre, wo nur noch Schatten sich begegnen. Begleitet wird diese Vision von dem Klang des Windes im Röhricht (V. 14), wobei die Assonanz (tönen – Flöten) mit der Assonanz am Anfang des Gedichts korrespondiert (tönen – tödlich). Der letzte Teil, bestehend aus den drei Schlussversen, ist eine Art Kommentar, in sich jedoch vieldeutig und syntaktisch nicht zwingend auflösbar. Möglich wäre eine Deutung, die auf den Schmerz des „Geistes" (V. 16) angesichts der auf den „Altären" (V. 15) des Krieges geopferten möglichen Kinder als Schöpfer einer besseren Zukunft hinweist. Der „Schmerz" wäre in diesem Fall der Schmerz über den Verlust einer neuen Generation, und der letzte Vers würde als genauere Bestimmung verstanden (z. B. „nämlich die ungebornen Enkel"). Vor allem das Komma nach „Schmerz" legt diese Deutung nahe.

Mensch, werde wesentlich! (S. 27)
Stadlers Gedicht ***Der Spruch*** ist auf den letzten Vers hin konzipiert. Nach zwei einleitenden Versen folgen fünf bzw. sieben Bedingungssätze (V. 3, 5, 6, 7, 9, je nach Lesart auch 4 und 10), die nicht immer mit „wenn" eingeleitet sind, die aber z. T. noch weitere, untergeordnete Bedingungssätze nach sich ziehen (so V. 6). All diese Wenn-Sätze münden in den zentralen letzten Satz: „Mensch, werde wesentlich!" (V. 12). Der erste und der letzte Vers sind nicht nur inhaltlich eng miteinander verbunden, sondern auch formal, denn es sind die beiden einzigen Verse in einem sechshebigen Jambus mit Mittelzäsur, dem typischen Barockvers, dem Alexandri-

ner, womit Stadler hinweist auf die Quelle seines Gedichts.
Das Gedicht formuliert eines der zentralen Anliegen der Dichter im Expressionismus. Es appelliert an den neuen Menschen, fordert die Selbstbesinnung, die Umkehr.

Kaiser, Die Bürger von Calais (S. 29)

Der ursprüngliche Eustache de Saint-Pierre war nach der Chronik Froissarts bereit sich mit fünf anderen Bürgern dem englischen König auszuliefern und ihm die Schlüssel der Stadt Calais zu übergeben. Andernfalls hätte dieser die Stadt und ihren Hafen erobert und zerstört. In Kaisers „Denkspiel" stellen sich nun sieben Bürger statt der geforderten sechs als Geiseln zur Verfügung. Der historische Stoff diente Kaiser dazu, an ihm eine Idee, nämlich die Idee des neuen Menschen, sichtbar zu machen. Im Mittelpunkt des Dramas steht Eustache de Saint-Pierre, dem anfänglich Duguesclins, der Hauptmann des Königs von Frankreich, gegenübersteht. Duguesclins symbolisiert den traditionellen Helden, sein Aufruf zum Kampf um des Ruhmes willen ist die Verherrlichung des konventionellen Heldentums. Er betrachtet es als seine Pflicht, sein Leben hinzuwerfen, um auf keinen Fall seine Ehre zu verlieren. Als er nicht mehr als Führer im Kampf gegen die Engländer benötigt wird, bietet er nach einem langen Kuss des Fahnentuchs sein Schwert und damit seine Dienste dem König von England an. Während Duguesclins für die Verteidigung der Stadt sterben will, meldet sich Eustache als Erster, sich dem englischen König auszuliefern. Damit rückt Kaiser nicht die Rettung der Stadt Calais, sondern die innere Läuterung der Bürger zu neuen Menschen in den Vordergrund. Eustache führt gleichsam Regie in diesem Läuterungsprozess, indem er die Verteidigungsbereitschaft des Patrioten und Mannes der Tat Duguesclins überwindet und den spontanen Opferungswillen der übrigen sechs von jedem Egoismus befreit. Die neue Tat verlangt verwandelte Täter. In Duguesclins und Eustache de Saint-Pierre stehen sich zwei ethische Polaritäten gegenüber: die Erfolgs- und Leistungsethik und die Gesinnungsethik.
Eustache zeigt den Mut, einen unehrenhaften Tod auf sich zu nehmen, um sich für das Wohl anderer töten zu lassen. Kaisers expressionistisches Verkündigungsdrama ist gespickt mit christlicher Symbolik: Kirche, Altar, Kreuz, das Letzte Abendmahl, das unzuverlässige Volk. Das im 2. Akt zelebrierte Mahl wird in die Nähe zum Abendmahl Jesu mit seinen Jüngern am Abend vor seinem Tod gerückt.

Opferwille oder Heldenpose? (S. 34)

Die Stimmung der Bürger gegenüber Eustache entwickelt sich von positiver Erwartung zu purem Hass. Sie wollen zuerst „vor Eustache de Saint-Pierre beiseite stehen" (Z. 8), dann suchen sie nach positiven Begründungen für sein langes Fernbleiben („er will den Schlüssel von dir nehmen: Darum spart er mit seinen Kräften und will hier nicht lange stehen", Z. 18 f.), doch als man annimmt, die Brüder Wissant würden bald auftauchen, schlägt die Stimmung um: „Eustache de Saint-Pierre […] kommt nicht" (Z. 21 f.). Und als die Brüder wirklich vor ihm erscheinen, ist scheinbar klar: „Eustache de Saint-Pierre hat den äußersten Betrug gespielt!" (Z. 25). Nun übertrifft eine Unterstellung die vorherige: Man wirft ihm Verrat vor (Z. 31), unterstellt ihm, von Anfang an Verrat geplant zu haben (Z. 32 f.) und ruft nach „gerechter" Strafe: „Eustache de Saint-Pierre soll allein büßen" (Z. 34) und: „Eustache de Saint-Pierre soll auf dem offenen Marktplatz geschändet werden!" (Z. 39 f.).

Der „neue Mensch" des Expressionismus (S. 35)

Die innere Wandlung und Einkehr, zu der viele Expressionisten aufrufen, vollzieht sich am deutlichsten im messianischen Verkündigungsdrama. Die Sprache dieser Stücke beinhaltet eine Fülle von religiösen Symbolen und Motiven. Wenn der greise Vater Eustaches dem Volk vom Selbstmord seines Sohnes berichtet, spricht er in Ton und Haltung eines alttestamentlichen Propheten. Als der Greis abgeht, erhellt „das wachsende Licht nun fast die ganze Kirchentüre". Eustache selbst ist die Verkörperung des neuen Menschen. Er hat erkannt, dass die Erhaltung des Gemeinschaftswerkes wichtiger ist als konventionelle Ehrbegriffe. Seiner Überzeugung nach muss sich der Einzelne für die Gemeinschaft opfern, und zwar ohne dafür Dank und Ruhm zu erwarten. Jean de Vienne lässt die Bahre mit Eustaches Leichnam auf die höchste Altarstufe in der Kirche stellen, damit der englische König, wenn er für seinen Sohn, der ihm in dieser Nacht geboren worden ist, danken wird, „vor seinem Überwinder knien" muss.

Auguste Rodin und die Bürger von Calais (S. 36)

Der Dichter Rainer Maria Rilke beschreibt die Figuren Rodins folgendermaßen:
Er schuf den alten Mann mit den hängenden Armen, die in den Gelenken gelockert sind; und er gab ihm den schweren, schleppenden Schritt, den abgenützten Gang der Greise, und einen Ausdruck von Müdigkeit, der über sein Gesicht fließt bis in den Bart.
Er schuf den Mann, welcher den Schlüssel trägt […] Seine Lippen sind zusammengepresst, seine Hände beißen in den Schlüssel […]
Er schuf den Mann, der den gesenkten Kopf mit beiden Händen hält, wie um sich zu sammeln, um noch einige Augenblicke allein zu sein.
Er schuf die beiden Brüder, von denen der eine noch zurückschaut, während der andere mit einer Bewegung der Entschlossenheit und Ergebung das Haupt neigt, als hielte er's schon dem Henker hin.
Und er schuf die vage Gebärde des Mannes, der „durch das Leben" geht […] Er geht schon, aber er wendet sich noch einmal zurück, nicht zu der Stadt, nicht zu den Weinenden und nicht zu denen, die mit ihm gehen.

Sie sahen nicht. Sie schauten. (S. 38)

Matisse verwendete für sein Gemälde laut Computeranalyse weit über 120000 verschiedene Farben und Farbtöne.
Die Brücke und ***Der Blaue Reiter*** waren keine völlig gegensätzlichen Kunstrichtungen. Grob verallgemeinernd lässt sich feststellen, dass die Kunst der *Brücke* archaischer und emotionaler war, was die Nähe zu den „Fauves" und der Verzicht auf ein Programm nahe legen. *Der Blaue Reiter* dagegen hatte in Kandinsky und Franz Marc zwei hervorragende Theoretiker, die der Gemeinschaft ein Programm und ein theoretisches Fundament gaben. Beiden Bewegungen gemeinsam ist die Abgrenzung gegen die bisher gültigen Normen der Kunst, der Wille zur Innovation und zum Bruch mit Konventionen, der sich allerdings bei den Vertretern der *Brücke* in provokanterer Form zeigt als bei denen des *Blauen Reiters*. Die „naive" Kunst der Südsee sowie die Höhlenmalereien waren für beide Gruppen von großer Bedeutung. Und schließlich haben Vertreter beider Richtungen auch gemeinsam ausgestellt, und Herwarth Waldens Galerie sowie seine Zeitschrift *Der Sturm* waren wichtige Plattformen für beide Gruppen.
Von hier aus lässt sich auch die Frage beantworten, inwieweit der *Blaue Reiter* noch dem Expressionismus zugerechnet werden könne. Zwar verzichten die Maler dieser Gruppe auf das typisch „expressive" Element in ihren Werken und sind eher den Kubisten verpflichtet als den „Fauves", doch die Basis ihrer Kunst ist dieselbe: das Leiden unter den gegenwärtigen gesellschaftlichen und geistigen Lebensbedingungen und die Auflehnung dagegen – beim *Blauen Reiter* verbunden mit dem Versuch, den Menschen durch die Kunst zu verbessern, worin sich natürlich eine deutliche Nähe zu der Aufforderung „Mensch, werde wesentlich!" aus der Dichtung zeigt.
Hinweise zur Interpretation der einzelnen Bilder können hier aus Platzgründen nur sehr sporadisch gegeben werden; es wird auf die Sätze auf Seite 47 verwiesen.
Kandinsky vertritt in seinem Satz (S. 44) die Auffassung, dass nur die reine Farbe und die Komposition der Farben wirkt und jede Gegenständlichkeit von dieser eigentlichen Wirkung ablenkt, weil der Betrachter das dargestellte Objekt als Objekt betrachtet und nicht als Teil einer Farbkomposition. Das Aufbrechen der Form war eines der zentralen Kennzeichen der Zeit, das nicht nur die bildende Kunst, sondern auch Musik und Literatur kennzeichnete. Es war sicherlich auch Ausdruck der Welterfahrung des Expressionismus, dass nun die alte Zeit sich überlebt hat und ein neues Zeitalter sich ankündigt. In eine ähnliche Richtung geht August Macke, wenn er in seinem Bild die Menschen nahezu gesichtslos, austauschbar und meist von hinten darstellt, den Tieren jedoch Individualität und Seele verleiht.
Klees Gedicht trägt, mit Bleistift überschrieben, den Titel *Bahn*. Über dem eigentlichen Bild stehen in Klees Handschrift die Sätze:

Einst dem Grau der Nacht enttaucht
Dann schwer und teuer
und stark vom Feuer
Abends voll von Gott und gebeugt

Nun ätherlings vom Blau umschauert,
entschwebt über Firnen
zu klugen Gestirnen.

Die Texte (S. 47) beziehen sich auf folgende Gemälde: 1 Nolde, 2 Kandinsky, 3 Marc, 4 Matisse, 5 Kirchner

Ich fühle luft von anderen planeten (S. 48)

Lösungsvorschlag zur Aufgabe s. S. 6 unten.

Döblin, Berlin Alexanderplatz (S. 50)

Vorbemerkung: Die Seitenangaben im Arbeitsheft folgen der dtv-Ausgabe des Romans (dtv Nr. 295 bzw. 1690).

Die Werbung für den literarisch gebildeten Leser könnte auf die expressionistischen Elemente des Romans abheben: das Großstadtthema, die simultane Gegenwart der Fülle des Lebens, die Apokalypse (Vision vom Weltuntergang), das Bild des Stroms, der seiner Mündung entgegentreibt.

Der Romaneingang (S. 52)
Man hat Biberkopfs Verfassung zu Romanbeginn mit der eines Neugeborenen verglichen: Plötzlich ist er einer Flut von Licht und Reizen ausgesetzt, die er nicht bewältigt, er flüchtet ins Dunkel, fühlt sich vom Chaos bedroht. Ehedem Vertrautes erscheint fremdartig: Menschen stechen sich mit Gabeln in den Mund.
Die Hörspielfassung des Romaneingangs und ihre Sprech-Inszenierung könnte etwa folgendes Ergebnis erbringen: Es gibt außer der Stimme des Erzählers und den Stimmen aus der Außenwelt mindestens drei innere Stimmen Biberkopfs: eine Stimme, die „ich" sagt und Angst und Verzagtheit artikuliert („Wo soll ich hin?"), eine Stimme, die mit „es" eingeführt wird und mit Franz ins Gericht geht („Es antwortete: Die Strafe."), eine Stimme, die „du" sagt und Franz Mut zuspricht („die werden dir doch nicht bange machen"). Ob man die Stimme in eckigen Klammern („schrecklich, Franze, warum schrecklich?") mit der letzteren in eins setzen kann, ist fraglich: Sie muntert nicht auf, sie fordert Nachdenken und Selbsterkenntnis. Mögliches Arrangement bei einer Sprech-Inszenierung: Die Sprecher der Ich- und Du-Stimme stehen einander gegenüber. Die Stimme in eckiger Klammer könnte z. B. im Rücken der Ich-Stimme platziert werden, die Es-Stimme kommt entweder von oben, von unten oder aus der Ferne, ihr Sprecher könnte unsichtbar bleiben. Denkbar wäre auch eine Aufteilung der erlebten Rede und des inneren Monologs auf verschiedene Sprecher. Die Sprechinszenierung müsste dann sichtbar machen, dass der Sprecher der erlebten Rede zwischen dem Sprecher des inneren Monologs und dem Erzähler steht. – Die Widersprüchlichkeit der Aussagen zum Thema „Strafe" hängt eng mit der Unterschiedlichkeit der Stimmen zusammen. Der Satz „Die Strafe war um" ist in einen argumentativen Zusammenhang eingebettet, er wird von der Ich-Stimme geäußert und umreißt die juristische Auffassung der Strafe: Mit der Verbüßung der Strafe ist Biberkopfs Schuld „abgemacht" (vgl. S. 56). Der Satz „Die Strafe beginnt" dagegen kommt von der Es-Stimme, er artikuliert ein existenzielles Gefühl von Schuld, eine existenzielle Auffassung von Strafe.
Expressionistische Elemente sind das Großstadt-Thema, die Simultan-Montage zur Darstellung der Chaotik des modernen Lebens, die Dynamisierung der Gegenstände (vgl. die rutschenden Dächer).

Die Vorreden: Ein Erzähler und sein „Held" (S. 54)
Die originale Abfolge der Vorreden: Linke Seite von oben nach unten: Buch 3 (S. 91), 7 (271), 5(144), 8(320), 9 (371). Rechte Seite: 4 (105), 6 (191), 2 (37), 1 (8).
Als Höhepunkt für Biberkopfs Schicksalslinie kommt Buch 6 (oder 2) in Frage, der Tiefpunkt (und Wendepunkt zum Besseren) liegt in Buch 9. Wendepunkte zum Schlimmeren: Buch 3 („Schlag"), 5 („der erste schwere Streich"), 7 („der Hammer").
Der auffälligste Unterschied zwischen Erzählervorwort und dem Text auf dem Schutzumschlag: Das Vorwort ist abstrakt gehalten, der Umschlagtext konkret. Für die Charakterisierung des Erzählers gilt, dass jeweils beide sich scheinbar widersprechenden Aussagen zutreffen – der Erzähler als „Chamäleon".

Franz Biberkopfs alte Schuld (S. 56)
Das Bild kennzeichnet Biberkopfs Verbrechen als Totschlag im Affekt. Das Verbrechen beschäftigt ihn mehr, als er sich eingesteht, die trällernde Bekundung von Lebenslust (Schlagertexte!) ist aufgesetzt, wird durch Biberkopfs nachhaltige Erinnerung an sein Verbrechen widerlegt. Der Rückblick auf den Romaneingang bestätigt es: Biberkopfs Weg in die Großstadt gleicht in mancher Hinsicht der Vertreibung des Menschen aus dem Paradies. Als das Chaos der Stadt über ihn hereinbricht, klammert sich Franz innerlich an Bruchstücke der Gefängnisordnung. Für ihn war das Gefängnis ein Ort der Ordnung und – im weitesten Sinne – auch der Unschuld: Er durfte sich, solange er dafür büßte, von seiner Schuld entlastet fühlen. Vermutlich ist das der Sinn der Aussage, Franz habe sich im Gefängnis „versteckt". Von dem Augenblick an, als er Berlin betritt, lastet ein Fluch auf ihm, „die Strafe beginnt". Im Laufe des 1. Buches gewinnt er allerdings seine Unbedenklichkeit zurück. Die innere Stimme (in eckigen Klammern) wechselt die Front: Erst plädiert sie für Nachdenklichkeit und Selbsterkenntnis, dann für den Lebensgenuss und das Zuschlagen. – Aber erst die Begegnung mit Minna heilt ihn von der Impotenz, die er als Teil seiner Strafe erfährt. Franz gewinnt seine Potenz zurück, indem er ein Verbrechen begeht, das im unmittelbaren Umfeld des Verbrechens angesiedelt ist, für das er gebüßt hat – es hat etwas von einer trotzigen Wiederholung an sich. Und in seinem Triumph findet er zur Sprache des Leichtsinns, der *superbia*, die von nun an sein Verhalten immer wieder kennzeichnet. Trotzdem machen ihm seine verdrängten Schuldgefühle weiterhin zu schaffen. Er empfindet Lüders' Betrug als Strafe, nur so erklären sich sein Verzicht auf Rache und sein Rückzug. Seine zwanghaften Waschungen sind Ausdruck unbewusster Schuldgefühle.

Franz und Reinhold (S. 59)
Biberkopfs Faszination durch Reinhold hat mit seiner *superbia* zu tun, er will in der Beziehung zu Reinhold seine eigene Stärke und Überlegenheit demonstrieren. Reinhold ist sein „Erziehungsobjekt", mit dem er vor anderen prahlt. Der weitere Gang der Dinge zeigt aber, dass Franz an einen Stärkeren geraten ist, einen ganz und gar Skrupellosen, der seine freundschaftlichen Gefühle keineswegs erwidert. Franz empfindet Reinholds Mordanschlag und den Verlust seines Arms wiederum als gerechte Strafe, vermeintlich dafür, dass er den „Mädchenhandel" nicht mehr mitgemacht hat. Er fühlt sich nach wie vor mit Reinhold solidarisch und schützt ihn durch sein Schweigen. Warum, kann er niemand erklären. Seine fehlende Selbsterkenntnis führt zur Verschlossenheit, seine Verschlossenheit zur Isolation.

Franz und Mieze (S. 62)
In der Beziehung zu Mieze gefällt sich Franz wiederum in der Rolle des starken Mannes. Der Dialog mit ihr hat Züge einer „Macht-

Erläuterungen:
– Die definitive Grundreihe, mit der Schönberg arbeitete, ist nicht unmittelbar aus der Komposition herauszulesen, da sie lediglich als Arbeitsmaterial definiert ist. Gleichwohl bildet sie die Keimzelle des ganzen Werkes und wirkt so als Ausgangspunkt des künstlerischen Prozesses.
Man notiere die Grundreihe möglichst innerhalb einer Oktave. Einmal festgesetzt wirken die Oktavlagen natürlich formbildend auf die Reihenmutationen (c' d' e' verläuft anders als c' d'' e' ...).
– „Krebs": die Spiegelung einer melodischen Linie an der vertikalen Achse (die Linie läuft rückwärts ab).
– Umkehrung oder Spiegel: die Spiegelung einer melodischen Linie an der horizontalen Achse (die Linie läuft spiegelverkehrt ab – was sich nach oben richtet, weist jetzt nach unten und umgekehrt).
– B-A-C-H: Diese Notenfolge verwendete J. S. Bach oft als Signatur und weiterentwickelbaren motivischen Kern in eigenen Werken. Das Motiv verweist in seiner grafischen Gestalt (man verbinde die Notenköpfe B-H und A-C) auf ein schräg liegendes Kreuz. Es hat sich durch die Musikgeschichte hindurch so verselbstständigt, dass es nunmehr auf bestimmte theologische, ästhetische, weltanschauliche und kompositorische Haltungen verweist.
– Die Grundreihen Schönbergs sind für sich genommen schon komplexe Gebilde, da sie selbst durch polyphone Techniken entstanden sind – diese wirken nun formbildend auf die ganze Komposition ein.

ergreifung": Franz macht Mieze zu seinem eigenen Geschöpf und verleibt sie seiner „Sammlung" ein. Auch die Versöhnungsszene wird von Franz als Akt der „Begnadigung" gestaltet, von oben herab. Der Gedanke an Ida gibt den entscheidenden Anstoß dafür. Der Erzähler allerdings, das verrät sein übertreibendes Pathos, hält zu der vermeintlichen „Höhe" seines Helden ironische Distanz.

Die Herausforderung (S. 64)
Der Beschluss, Reinhold aufzusuchen, hat damit zu tun, dass Franz den Zustand der „Höhe" offenbar nicht erträgt – ihm ist nicht wohl bei seinem Wohlgefühl, er will seine Grenzen ausmessen. Dieser Wunsch ist ihm aber nicht bewusst, „es" treibt ihn zu Reinhold. Ihn überfällt eine plötzliche Angriffslust, in seinen Ohren klingt Marschmusik, seine unbewussten Wünsche sind das „rasende Pferd", das ihn trägt. Nach der Demütigung durch Reinhold zeigt sich Franzens Niedergeschlagenheit in seiner Körpersprache. Aber er richtet sich wieder auf und behauptet sich beim zweiten Besuch vor Reinhold, u. a. damit, dass er mit Mieze prahlt. Für Reinhold wirft der Besuch Rätsel auf: Was will Franz? Ist er auf der Suche nach einer Gelegenheit zur Rache?
In Franzens Liebe sind ganz gegensätzliche Regungen enthalten. Es gibt darin den Hochmuts-Wunsch, über Reinhold zu triumphieren, und den gegenläufigen Wunsch nach Demütigung. Die Textstelle von Seite 270 zeigt, dass die Herausforderung nicht nur Reinhold gilt, sie gilt auch dem Schicksal, dem Tod – letztlich: Gott.

Das Ende (S. 66)
Reinhold sieht sich selbst in der Rolle des „Gerichtsvollziehers": Franz ist zu ihm gekommen um zu büßen. Dass der ihm Mieze vorführt (und dabei eine Demütigung erleidet), kommt Reinhold gelegen, er nützt den Kontakt zu Mieze, um sie über Franzens Motive auszuhorchen. Sein Verbrechen an Mieze entspringt keinem lang gehegten Vorsatz, wohl aber niedrigen Motiven. Er verrät, um Mieze gefügig zu machen, sein Geheimnis mit Franz und bringt sich damit in Zugzwang.
Der Hauptvorwurf des Todes an Franz: „Du hast dich in Stärke hineingekrampft."

Das Opfer (S. 68)
Die Frage, was Franz „weiß", wird durch die nachfolgende Montage beantwortet. Im Gegensatz zur biblischen Überlieferung bringt sich Isaak bei Döblin selbst aus freien Stücken zum Opfer. Isaak weiß, dass die Bereitschaft zum Opfer die Voraussetzung für eine Begnadigung ist. Auch Franz weiß es, unbewusst: Er wird kurz darauf den Gang zu Reinhold antreten, um für seine Schuld zu büßen.

Zweierlei Montage (S. 69)
Typ 1: Großstadt, Nähe, unbearbeitet, enge Fugen, Bedeutung für den unmittelbaren Kontext. Sonst Typ 2.

Von Kafka bis Dada (S. 70)

Max Brod gab der Parabel den Titel ***Kleine Fabel.*** Damit ordnete er sie einer Textgattung zu, deren Hauptmerkmal die Lehrhaftigkeit ist, und es wäre zu diskutieren, inwieweit dies im Sinne Kafkas ist.
Kafkas Parabel besteht aus drei Sätzen, die gewissermaßen dem klassischen Schema von Einleitung, Hauptteil und (pointiertem) Schluss folgen. Der erste Satz, der mit einem klagenden Ausruf beginnt und so schon die Grundstimmung des Texts verdeutlicht, stellt sofort eine Verbindung von Raum und Zeit dar: Die Welt „wird enger mit jedem Tag". Raum und Zeit begrenzen den Menschen im Laufe seines Lebens immer stärker. Dass es sich hier um die Darstellung eines Lebenslaufs handelt, wird spätestens im zweiten Satz, dem Kernstück der Parabel, deutlich. Der Satz beginnt im Präteritum (war, lief, sah), beschreibt dann die gegenwärtige Situation der Maus im Präsens (eilen) und endet im futurisch verwendeten Präsens, das die Unabänderlichkeit der Entwicklung hin zum Untergang verdeutlicht; die Maus läuft in die Falle, ob sie will oder nicht. Diese Aussage wird syntaktisch unterstützt, indem Kafka Konsekutivsätze verwendet („so ... dass"), die das Ich in Abhängigkeit zu den äußeren Faktoren seines Lebens zeigen. Auffällig ist auch, dass die ganze „Lebensgeschichte" der Maus in einem einzigen, geradezu atemlos gesprochenen Satz gesagt wird. Obwohl es syntaktisch und stilistisch möglich wäre, den mittleren Teil der Parabel durch Punkte zu strukturieren, wird er nur mit Kommata gegliedert, soll also offenbar als eine ununterbrochene und nicht zu unterbrechende Einheit verstanden werden. Dies gibt aber in der Tat nur dann Sinn, wenn man die Lebensgeschichte der Maus als exemplarischen Lebenslauf ansieht.
Auf diesem Hintergrund wird der Zynismus des letztes Satzes deutlich. Natürlich kann die „Laufrichtung" eines Lebenslaufs nicht geändert werden; das Leben kann zu Ende gehen, aber nicht rückwärts verlaufen. Deshalb ist der Ratschlag der Katze und ist vor allem ihr „Nur" zynisch. Die Maus hat keine Chance dem Tod zu entgehen; sie rennt entweder in die Falle oder wird von der Katze gefressen. Es scheint fast, als habe sie nur die Möglichkeit entweder „normal", das heißt am Ende ihres Weges in der Falle zu sterben, oder vorzeitig von der Katze gefressen zu werden, wobei dies sicherlich nicht als Alternative im Sinne einer freien Auswahl zu verstehen ist. Vielmehr scheint es so, als tauche die Katze plötzlich auf und verschlinge die Maus unvermittelt, nachdem sie ihren zweifelhaften Rat ausgesprochen hat – so zumindest lässt sich die Tatsache deuten, dass der Nebensatz „und fraß sie" unmittelbar auf die wörtliche Rede folgt. In diesem Falle spräche die Maus gewissermaßen monologisch und Kafka wendete sich direkt an den Leser der Parabel.
Eine sehr ähnliche Grundkonstellation findet sich auch in der Parabel ***Gibs auf.*** Auch hier gibt es einen Unterlegenen und einen „Helfer", und auch hier führt die „Auskunft" des vermeintlichen Helfers vollends in die Irre. Hinzu kommt, dass auch diese Parabel dreigeteilt ist. Wiederum finden sich im ersten Satz Angaben über Raum und Zeit, die jedoch durch ein merkwürdiges syntaktisches Spannungsverhältnis gekennzeichnet sind: Eigentlich müsste es heißen „die Straßen *waren* rein und leer", denn das singularisch verwendete *War* vom ersten Satz ist, auf den zweiten Teil übertragen, agrammatisch. Des weiteren fällt auf, dass das Ich erst am Ende des Satzes erwähnt wird, also erst nachdem Raum und Zeit beschrieben sind. Darin zeigt sich schon die Abhängigkeit, die dann im zweiten Teil erst richtig zum Ausdruck kommt. Der Vergleich nämlich zwischen der individuellen Zeit des Ich-Erzählers und der objektiven Zeit (dargestellt durch die „höher stehende" Turmuhr) lässt den Erzähler auch „im Weg unsicher werden". Plötzlich stimmen also Raum und Zeit nicht mehr, die Koordinaten des Lebens sind verschoben. Eine Wendung zum Guten scheint sich bei dem Wort „glücklicherweise" anzubahnen, denn hier hat die Atemlosigkeit der unsicheren Suche nach dem Weg plötzlich ein Ende, der Ich-Erzähler atmet auf und vertraut sich einem „*Schutz*-Mann" an, dessen Aufgabe es schließlich ist, in Notlagen zu helfen. Doch dessen anfängliche Freundlichkeit („Er lächelte") stellt sich schnell als sarkastische Überlegenheit heraus, wobei der Text nichts darüber sagt, wie der Schutzmann seinen Satz betont. Je nach Intonation des Satzes wird nämlich deutlich, ob der Schutzmann den Weg kennt, sein Wissen aber für sich behält, oder ob er hochmütig lächelt ob des einfältigen Ansinnens, einen Weg beschreiben zu sollen, den niemand kennen kann. Er hat auf jeden Fall einen Informationsvorsprung, doch es wird nicht klar, worin dieser besteht.
Weitergehende Deutungen könnten die Biografie Kafkas, speziell das Verhältnis zwischen ihm und seinem Vater, in den Mittelpunkt stellen, könnten die Parabel religiös deuten (der Bahnhof würde dann zum religiösen Zielpunkt und Ausgangsort für eine Weiterreise in ein ewiges Leben), könnten den Text gesellschaftskritisch als Darstellung der KuK-Monarchie oder der Juden im Prag Kafkas sehen oder könnten die Parabel natürlich auch existenzialistisch sehen und – von derselben Grundkonstellation wie in der *Kleinen Fabel* ausgehend – den Text als verschlüsselte Darstellung des menschlichen Lebenslaufs deuten.
Das Gemälde de Chiricos scheint eine ähnliche Situation zu illustrieren wie die beiden Parabeln. Ein kleines Mädchen läuft spielend auf einer langen, menschenleeren Straße, doch, von ihm offenbar unbemerkt, lauert weiter vorn schon ein bedrohlicher, nicht näher zu bestimmender Schatten.
Es ist zwar nicht verbürgt, aber mit einiger Sicherheit anzunehmen, dass sich Kafka von Georges Seurats Bild *Der Zirkus* zu seiner berühmten Parabel ***Auf der Galerie*** inspirieren ließ. Im Hintergrund des Bildes erkennt man bei genauem Hinschauen einen Galeriebesucher, der den Kopf auf die Brüstung legt. Kafkas Text – die erste der beiden Versionen – ist zweigeteilt: Der erste Teil beschreibt im Konjunktiv das, was eigentlich „wirklich" ist, also im Grunde genommen im Indikativ stehen müsste. Im zweiten Teil beschreibt er die Welt des schönen Scheins, des vordergründig Dargebotenen, das in seiner Unwirklichkeit eigentlich im Konjunktiv dargestellt werden müsste. Allein der Galeriebesucher, der die Welt (und um diese handelt es sich bei der Manege, in der sich alles beständig im Kreise dreht, ohne wirklich voranzukommen) von einer höheren Warte aus betrachten kann, scheint etwas von den wirklichen Zusammenhängen zu ahnen. Doch ihm sind die Hände gebunden, er hat keine Möglichkeit, dem als Wirklichkeit verbrämten schönen Schein Einhalt zu gebieten, denn keiner würde ihn verstehen. Darüber hinaus ist zwischen ihm und der Manege eine Brüstung, die ihn von den anderen trennt. So bleibt ihm nur ohnmächtiges Zuschauen und Leiden. Möglicherweise ist die Situation des Galeriebesuchers ein para-

bolisches Bild für die Lage des Dichters selbst, aber es sind natürlich auch weitere Deutungsmöglichkeiten denkbar.
In Kafkas Parabel ***Eine kaiserliche Botschaft*** finden sich wiederum zahlreiche für den Dichter typische Elemente. Die ganze Überlieferung von der Botschaft des Kaisers wird von vornherein durch den Zusatz „so heißt es" in Frage gestellt, und die Beschreibung des Adressaten der Botschaft als „dem jämmerlichen Untertanen, dem winzig in die fernste Ferne geflüchteten Schatten" lässt im Leser doch gewisse Zweifel an der Seriosität des Gerüchts aufkommen. Aber selbst wenn es so sein sollte, wie behauptet wird, bringt das dem Einzelnen, der am „Abend" (seinem Lebensabend?) am Fenster sitzt und sich die Heilsbotschaft „erträumt" (allein diese Wortwahl macht die Unerfüllbarkeit deutlich) überhaupt nichts, denn der Bote wird nie zu ihm kommen. Es gibt ein Ziel, aber keinen Weg dorthin: Dieser Satz gilt für ihn, der eine Botschaft zu überbringen hat, genauso wie für den, der zum Bahnhof will und nie dort ankommt. Das Heil, die Erlösung, ist unerreichbar, allenfalls zu erträumen. Und nicht nur das: Die Botschaft kommt schließlich von einem Toten. Allein schon die Aussage: „Und gar mit der Botschaft eines Toten" gibt zu denken und lässt vermuten, dass diese Botschaft so aktuell und heilsverkündend, wie man dies erträumt, vielleicht gar nicht ist.

Das Ende des Korsetts (S. 77)

Brecht wollte in seiner Ballade ***Das ertrunken Mädchen*** durch die Tilgung des Wortes „erschlagen" sicherlich die persönliche und nur auf den Einzelfall Rosa Luxemburgs zutreffende Aussage des Gedichts zurücknehmen zugunsten einer allgemeineren, in der Ophelia-Tradition stehenden Deutung. Es ging ihm weniger darum, ein biografisches Gedicht zu schreiben, als vielmehr darum, den Zeitgenossen eine neue Deutung eines alten Motivs anzubieten – freilich durchaus mit der Option, diese Deutung auf den Einzelfall der Rosa Luxemburg anzuwenden und das Gedicht damit politisch zu verstehen – im Unterschied etwa zu den Ophelia-Texten von Heym und Benn.

Else Lasker-Schüler (S. 79)
Else Lasker-Schülers Gedicht ***Weltende*** betont im Unterschied zu dem gleichnamigen Text von van Hoddis eher den persönlichen Bereich. Es ist ein subjektives Gedicht, das die Beziehung zweier Personen angesichts einer als negativ erfahrenen Welt kennzeichnet. Dabei bleibt völlig unklar, ob der Titel „Weltende" sich wirklich auf ein derartiges Ereignis bezieht oder ob er nicht vielmehr das subjektive Ende der Welt für diese beiden Personen umschreibt, die daraus die Konsequenz ableiten, sich aus der Welt zurückzuziehen. Für diese Deutung spricht mancherlei: Die Welt verhält sich nur so, „als ob der liebe Gott gestorben wär". Das Leben wird nicht mehr gemeinsam erfahren, jeder verbirgt sein Leben vor dem andern, und wer eine „Sehnsucht an die Welt" hat und will, dass alles anders sein möge, geht daran zugrunde (vgl. V. 10). Es bleibt als Einziges die Liebe zum Du und der gemeinsame Rückzug aus der Welt.

Rätselhaftes (S. 84)

Wer, wo und wann? (S. 84)
Lösung zu Aufgabe 1–4: Thema des Textes von Alfred Döblin ist der Alexanderplatz in Berlin, kurz nach dem Zweiten Weltkrieg. Alfred Döblin lebte von 1878 bis 1957; die Lösungszahl 1 ist somit 24+22= **46.**

Wer ist wer? (S. 84)
Die auf der Umschlagseite abgebildeten Dichter sind (jeweils von oben nach unten, links beginnend): Döblin, Schönberg, Lasker-Schüler, Kafka, Trakl, Werfel und Benn.

Das Rätsel des Expressionismus (S. 85)
Lösung des Kreuzworträtsels s. unten

Lösung zu Aufgabe 1: Die rot unterlegten Buchstaben ergeben, in die richtige Reihenfolge gebracht, das Lösungswort **Komet** und beziehen sich auf den Halleyschen Kometen, der **1910** (= Lösungszahl 2) am Himmel erschien.

Expressionismus, oder was? (S. 86)
Lösung zu Aufgabe 1–2: Die beiden Gedichte des Romantikers Joseph von Eichendorff und des Expressionisten Georg Trakl lauten folgendermaßen:

Joseph von Eichendorff
Winternacht
Verschneit liegt rings die ganze Welt,
Ich hab nichts, was mich freuet,
Verlassen steht der Baum im Feld,
Hat längst sein Laub verstreuet.

Der Wind nur geht bei stiller Nacht
Und rüttelt an dem Baume,
Da rührt er seinen Wipfel sacht
Und redet wie im Traume.

Er träumt von künft'ger Frühlingszeit,
Von Grün und Quellenrauschen,
Wo er im neuen Blütenkleid
Zu Gottes Lob wird rauschen.

Georg Trakl
Im Winter
Der Acker leuchtet weiß und kalt.
Der Himmel ist einsam und ungeheuer.
Dohlen kreisen über dem Weiher
Und Jäger steigen nieder vom Wald.

Ein Schweigen in schwarzen Wipfeln wohnt.
Ein Feuerschein huscht aus den Hütten.
Bisweilen schellt sehr fern ein Schlitten
Und langsam steigt der graue Mond.

Ein Wild verblutet sanft am Rain
Und Raben plätschern in blutigen Gossen.
Das Rohr bebt gelb und aufgeschossen.
Frost, Rauch, ein Schritt im leeren Hain.

Eine Addition der Nummern aller Verse aus Trakls Gedicht ergibt (wie übrigens auch bei Eichendorffs Text) die Zahl **150** (= Lösungszahl 3).
Lösung zu Aufgabe 3:
Die Quersumme aller drei Lösungszahlen ergibt somit **10+11+6 = 27.** In diesem Alter verstarben der Dichter **Georg Trakl** und der Maler **August Macke.**

				↓1		↓3				4↘				↓5						
	↓7		2→	T	I	B	E	T		↓9	M	O	R	G	U	E				
	T			E		U			↓11	D	15↘	6→	B	R	U	E	C	K	E	
	I		↓13	G		T			W	I		A		O	↓17					
8→	T	O	T	E		T		10→	E	X	P	R	E	S	S	I	O	N	↓19	
	A	12→	E	L	S	E			L			P		Z	C				R	
	N		P		14→	R	E	I	T	E	R			↓21	H		16→	Z	O	O
	18↘		P			B			E					K	R		↓23		D	
	↓25	S	I	M	U	L	T	A	N	20→	Z	E	I	L	E	N	S	T	I	L
	G		C			U			D		↓27			A	I		T		N	
	R		H	↓29		M	22→	W	E	L	K			V	24→	H	U	T		
	O		26→	K	L	E	E	↓31			R			I			R		↓33	
28→	D	A	D	A				C	30→	S	I	E	B	E	N	32→	M	A	R	C
	E			T			34→	H	U	M	E			R					O	
	K			Z				O			G								S	
		36→	B	E	C	H	E	R				38→	O	P	H	E	L	I	A	

TEXTQUELLEN
S. 1 Jakob van Hoddis: Weltende, aus: Dichtungen und Briefe. Arche Verlag, Zürich 1987 S. 2 Alfred Lichtenstein: Punkt, aus: Gesammelte Gedichte. Vollständige Ausgabe, hrsg. von Klaus Kanzog. Verlag Die Arche, Zürich 1962 S. 3 Paul Boldt: Auf der Terrasse des Café Josty, aus: Das Gesamtwerk, Lyrik, Prosa, Dokumente. Hrsg. von Wolfgang Minaty. Walter Verlag, Olten 1979 S. 3 Alfred Wolfenstein: Städter, aus: Menscheitsdämmerung. Rowohlt Verlag, Reinbek 1997, S. 45 S. 3 Paul Zech: Die Häuser haben Augen aufgetan ..., aus: Gesammelte Gedichte, hrsg. von Henry Smith. Carl Hanser Verlag, München 1983 S. 3 August Stramm: Patrouille, aus: Das Werk, hrsg. von René Radrizzani. Limes Verlag, Wiesbaden 1963 S. 8 Joseph von Eichendorff: Winternacht, aus: Werke, hrsg. von Wolfdietrich Rasch. Carl Hanser Verlag, München 1971 S. 8 Georg Trakl: Im Winter, aus: Das dichterische Werk. Hrsg. von Walther Killy u. Hans Szklenar. Otto Müller Verlag, Salzburg [10]1986